LA

QUESTION ARMÉNIENNE

LA
QUESTION ARMÉNIENNE

APPEL

AUX GOUVERNEMENTS D'EUROPE

PARIS

TYPOGRAPHIE GEORGES CHAMEROT

RUE DES SAINTS-PÈRES, 19.

1872

INTRODUCTION

Pendant que la France avait à faire face aux armees prussiennes et aux ennemis intérieurs, les puissances jalouses profitaient de ses embarras pour ruiner partout son influence. En Italie, Victor-Emmanuel s'emparait de Rome. A Constantinople, le schisme russe faisait éclater la persécution contre les catholiques. Depuis lors et dans ce dernier pays, la situation s'est aggravée. Avant ces derniers temps, le schisme levait la tête, mais il n'avait pu encore obtenir du pouvoir la reconnaissance officielle. C'est chose faite aujourd'hui, et l'on peut dire que le schisme arménien a soulevé l'une des plus redoutables difficultés de la question orientale. C'est une raison de plus pour l'étudier de près et pour attirer sur ce grave problème la sollicitude de nos hommes d'État et de tous ceux qui se préoccupent à quelque degré de soutenir les intérêts de la France en Orient. Malheureusement nos hommes d'État sont trop peu versés dans la connaissance de l'Orient, et, le commun du public s'imagine trop facilement que la politique n'a rien à voir où la religion paraît seule engagée. Cette idée est fausse partout, mais tout le monde doit savoir qu'elle n'est nulle part plus fausse qu'à propos de l'Orient, où toute question religieuse amène forcément une complication politique. Dans la question arménienne il s'agit en définitive de savoir qui doit l'emporter de la traditionnelle influence française s'exerçant au profit de toutes les puissances catholiques d'Occident ou du schisme russe qui étend activement sa propagande en vue d'annexions territoriales préparées de loin. Tel est le caractère de la lutte engagée à Constantinople, et c'est suffisamment en signaler l'importance. Pour la faire mieux ressortir, il nous a paru qu'il ne serait pas inutile de présenter un résumé succinct et impartial de la question qui nous occupe, et c'est l'objet de la brochure que nous publions aujourd'hui. Écrite par un témoin sur les lieux mêmes, elle expose complétement, brièvement et avec autorité l'opinion qu'il faut prendre du conflit soulevé à Constantinople par le schisme arménien. Ceux qui voudront la parcourir ne tarderont pas de se convaincre que l'intérêt de la France est directement engagé dans cette affaire et réclame énergiquement l'intervention de notre diplomatie. Que nos représentants se pénètrent bien de cette nécessité et qu'ils l'exposent. S'ils prennent la peine d'interroger tous ceux qui sont au courant des choses d'Orient, ils se persuaderont vite que rien n'est plus aisé, car il suffirait au gouvernement de comprendre et de vouloir.

Il nous resterait à faire ressortir l'attitude respective de la Sublime-Porte et du Saint-Père dans cette question, mais ici notre témoignage pourrait sembler suspect et nous préférons invoquer celui d'un illustre protestant profondément versé dans la connaissance des affaires orientales, et qui nous écrit :

LETTRE DE M. URQUHART AU RÉDACTEUR DE L'*UNIVERS*.

Montreux, le 11 novembre 1872.

Monsieur le Rédacteur,

Je vous transmets des documents destinés à faire éclater la vérité dans cette question arménienne, qui est de la plus haute importance pour l'avenir. Je suis assuré que ces documents la mettront à la portée de tous.

Il est bien triste pour moi d'avoir à constater dans cette affaire un revirement dans la Sublime-Porte à l'égard des maximes de tolérance et de justice qui ont fait sa force jusqu'à ces malheureux jours.

De l'autre côté, on ne manquera pas d'admirer la modération et la sagesse du Saint-Père dans une affaire aassi difficile et à une époque où ces qualités semblent avoir disparu de la terre.

J'ai l'honneur d'être, monsieur, votre très-humble et très-obéissant serviteur.

DAVID URQUHART.

QUESTION ARMÉNIENNE

Il y a bientôt trois ans que le schisme arménien de Constantinople, consommé par quatre évêques, deux corporations
religieuses, comme aussi par quelques membres du clergé
séculier, désole la malheureuse nation arménienne de la manière la plus déplorable.

La presse a déjà traité bien des fois cette grave question;
mais elle ne l'a point encore exposée, croyons-nous, sous son
aspect propre et intégral. Il est même certains journaux
anticatholiques qui, sans connaître l'état des choses, ont
abusé de l'ignorance et de la crédulité de leurs lecteurs en
avançant des propositions aussi gratuites qu'erronées. Aussi
est-il utile d'en donner un résumé qui éclaircisse les points
obscurs en même temps qu'il développe successivement l'ori-
gine, la marche et les tendances propres de ce différend. A
cet effet nous prendrons les choses d'un peu loin, en donnant
un succinct exposé historique des faits connus de tous ceux
surtout qui se trouvent sur le théâtre où ils eurent lieu à diverses époques, et qui, partant, sont d'une vérité incontes-
table. Nous tâcherons de procéder avec le plus de clarté et de
brièveté possible, afin de ne point fatiguer le lecteur.

La nation arménienne catholique existant sur le territoire

ottoman était partagée depuis de longues années en deux communautés sujettes à deux juridictions spirituelles distinctes dont les chefs résidaient: l'un à Constantinople, l'autre au mont Liban. Les deux chefs de ces juridictions, indépendants l'un de l'autre, relevaient immédiatement du Saint-Siége.

CHAPITRE PREMIER

La communauté arménienne catholique de Constantinople.

Commençons par faire l'exposé historique de la communauté arménienne catholique de Constantinople.

Durant plusieurs siècles, le chef spirituel de la communauté et de ses provinces fut le vicaire patriarcal latin, représentant du Saint-Siége à Constantinople.

Quant à l'administration des affaires civiles communales de cette communauté, elle était entre les mains du patriarche arménien non–uni, que la Sublime-Porte considérait comme le représentant de la communauté arménienne tout entière. Ce patriarche ne manquait pas, comme on le comprend aisément, de créer des embarras et de susciter même des persécutions aux catholiques qu'il était censé représenter auprès du gouvernement ottoman.

Vers la moitié du siècle passé, le Saint-Siége voulut bien accorder à la communauté arménienne catholique de Constantinople un évêque de rite arménien dans la personne de Mgr Saraf. Ce dernier, élu par le Saint-Siége sur la présentation du vicaire apostolique patriarcal, était destiné à diriger la communauté avec le titre de vicaire, sous la dépendance du même vicaire apostolique.

Ce système de gouvernement spirituel dura de la sorte jusqu'à la fin de 1829, année dans laquelle, après une dure persécution de trois ans suscitée par le patriarche arménien non-uni, les catholiques furent émancipés de toute sujétion à ce patriarche, grâce aux sollicitudes paternelles du Saint-Siége. En effet, à la suite des instances que le Souverain-Pontife Léon XII fit, par l'entremise des puissances européennes, auprès de l'empereur de Russie, celui-ci, à l'occasion du traité de paix signé à Andrinople à la fin de l'année 1829, après la guerre contre la Turquie, imposa à cette nation la condition de l'émancipation des catholiques.

En 1830, l'ambassadeur de France à Constantinople établit, en vertu et sur les bases de cette convention, les conditions de l'émancipation des catholiques, dans les conférences qu'il eut à ce sujet avec le ministre ottoman au palais de l'amirauté dans l'arsenal de Constantinople.

La communauté arménienne catholique soustraite de la sorte à l'autorité civile communale du patriarche arménien non-uni, le Souverain-Pontife Pie VIII, successeur immédiat de Léon XII, institua par la bulle spéciale *Quod jamdiu*, publiée dans la même année 1830, le siége archiépiscopal et primatial de Constantinople.

C'est alors que le clergé et les fidèles de Constantinople présentèrent au Saint-Siége d'un commun accord (quoiqu'ils fussent encore peu nombreux, à cause qu'ils n'étaient pas tous revenus de l'exil), une liste de trois ecclésiastiques: M. l'abbé Antoine Nourigian, Mgr Georges Papasian et M. l'abbé Jean Salviani, parmi lesquels le Saint-Siége nomma archevêque primat de Constantinople M. l'abbé Antoine Nourigian.

Tout cela fut fait conformément à l'antique usage en vigueur dans l'Église orientale elle-même et d'après lequel les attributions du clergé et du peuple dans l'élection se bornent à rendre un *bon témoignage* en faveur des candidats. De cette manière le Souverain-Pontife, soustrayant cette communauté arménienne à la juridiction du vicaire apostolique, ne faisait relever l'archevêque primat que de la surveillance immédiate du Saint-Siége.

En vertu de la susdite émancipation accordée par le gouvernement ottoman aux Arméniens catholiques, Mgr Antoine Nourigian, consacré archevêque, primat de Constantinople, devait être reconnu officiellement par la Porte-Ottomane comme pasteur et chef religieux de la communauté arménienne catholique. En effet, puisque, lors de la conquête de Constantinople, le gouvernement ottoman avait suivi l'usage de reconnaître officiellement le patriarche grec de Constantinople et l'archevêque arménien non-unis de la même ville et de leur confier, comme à des chefs religionnaires, l'administration civile communale de leurs respectives communautés (usage qui a été continué sans interruption jusqu'à nos jours), il était naturel qu'on procédât de même à l'égard de Mgr Nourigian.

Mais les Arméniens non-unis, encore plus irrités des faveurs obtenues par les catholiques soustraits à leur sujétion, agirent si bien auprès du gouvernement ottoman, qu'à la suite de leurs intrigues et de leurs insidieuses calomnies, Mgr Nourigian, archevêque primat, ne fut point reconnu par la Sublime-Porte comme chef religieux des catholiques.

La communauté arménienne catholique se vit ainsi réduite à la nécessité de présenter au gouvernement le prêtre Jacques Valle que la Porte reconnut, moyennant le bérat (1) impérial, comme chef religionnaire, représentant de la communauté.

En réalité, toutefois, et selon l'intention même de la communauté, ce représentant était simplement son chef communal pour ses rapports civils-communaux avec le gouvernement; quant aux rapports civils-religieux du ressort de l'au-

(1) C'est le mot qui, en Turquie, répond à notre mot décret. Le lecteur voudra bien s'en souvenir au courant de cette étude.

torité ecclésiastique, il n'était que l'organe officiel près la Sublime-Porte et dépendait en toutes les questions spirituelles de l'archevêque primat, que la communauté reconnaissait pour son légitime pasteur et chef spirituel.

La communauté était donc régie par deux chefs: l'un, l'archevêque primat, préposé au gouvernement spirituel; l'autre, l'ecclésiastique Valle, à l'administration civile-communale. Ce dernier était assisté par un conseil de laïques en qualité d'administrateurs de la communauté et était seul reconnu officiellement par le gouvernement ottoman.

Ce système anormal a été maintenu jusqu'en ces derniers temps.

La succession des chefs communaux ou représentants officiels avait lieu sur la présentation de la communauté et l'acceptation de la Sublime-Porte qui leur donna d'abord le nom d'*Evêques*, puis celui de *Patriarches*, ainsi qu'elle le faisait pour les autres communautés non-catholiques, bien que ces Chefs de la Communauté arménienne catholique ne fussent en réalité ni patriarches, ni évêques (1).

C'est donc par simple analogie à la dénomination adoptée par le gouvernement ottoman que la communauté armé-

(1) Les représentants officiels de la nation près la Porte-Ottomanne, dits *patriarches civils*, étaient élus à la majorité des voix dans une assemblée composée du clergé et du peuple. Les électeurs rédigeaient et signaient un rapport de leurs actes, qu'ils présentaient à la Porte. Si celle-ci n'avait aucune observation à faire sur le candidat présenté, le grand vizir l'invitait auprès de lui et remettait à l'élu la confirmation souveraine et la décoration impériale, signe d'investiture de la charge de représentant officiel avec le titre de *patriarche de Constantinople*, après quoi il le faisait accompagner en grand train, par des officiers spéciaux, à sa destination. Le *patriarche* cependant se rendait à la cathédrale où l'on faisait des prières publiques pour la santé du sultan, la prospérité de l'empire et pour les ministres. Ensuite, le *patriarche* se rendait chez le sultan pour le remercier. Celui-ci lui donnait des conseils pour l'accomplissement des devoirs de sa charge et lui expédiait enfin le bérat. Ce document n'est autre qu'un ordre du gouvernement autorisant l'élu à exercer librement sa charge et imposant à tous les Arméniens catholiques de le reconnaître pour leur *patriarche*, d'obéir à ses ordres en tant qu'ils seraient conformes à la justice et de ne point s'ingérer dans l'exercice de son autorité *ecclésiastique*.

nienne catholique appela ses représentants officiels *évêques civils* ou *patriarches civils*.

De même les archevêques primats se succédaient selon leur institution canonique.

Cependant, après plusieurs années, Mᵍʳ Nourigian, premier archevêque primat de Constantinople, se sentant surchargé par les soins pastoraux, manifesta le désir d'être assisté dans l'exercice de ses fonctions et remplacé dans le siége primatial, immédiatement après sa mort, par Mᵍʳ Paul Marusci, déjà archevêque de Chalcis et chargé de l'ordination des ecclésiastiques arméniens à Rome. Mᵍʳ Nourigian, ayant pris préalablement l'avis de plusieurs ecclésiastiques et des administrateurs de la communauté, demanda au Saint-Siége, en 1838, que Marusci fût envoyé auprès de lui, en qualité de coadjuteur. Mᵍʳ Marusci apprit, en se rendant à Constantinople, la mort de Mᵍʳ Nourigian, ce qui amena l'interruption de son voyage ; mais, informé ensuite que le clergé et le peuple avaient immédiatement présenté au Saint-Siége une pétition par laquelle ils lui manifestaient le désir que, conformément aux dispositions de feu Mᵍʳ Nourigian, on voulût bien envoyer le plus tôt possible Mᵍʳ Marusci à Constantinople, ce prélat s'empressa de se rendre dans cette ville dans le courant de la même année 1838, non plus comme coadjuteur, mais investi déjà par le Saint-Siége de la dignité d'archevêque primat, élection dont le clergé et les fidèles manifestèrent toute leur satisfaction.

Après quelques années de son primatiat, Mᵍʳ Marusci, déjà avancé en âge, se sentant trop affaibli pour suffire à tous les besoins spirituels des fidèles commis à ses soins pastoraux, consulta plusieurs ecclésiastiques et les administrateurs euxmêmes de la communauté ; et, fort de leur assentiment, il manifesta en 1842 au Saint-Siége le désir d'avoir pour coadjuteur l'un des trois prêtres : D. Antoine Hassoun, D. Antoine Scisman et D. Timothée Astargi.

Le Saint-Siége ayant considéré que D. Antoine Hassoun, conjointement avec un autre ecclésiastique, le P. Charles Essayan, figurait dans la pétition que six ans auparavant, en 1836, les administrateurs de la communauté avaient présentée au défunt archevêque primat Mgr Nourigian, voulut bien condescendre aux instances de Mgr Marusci et donner ainsi satisfaction au désir réitéré de la nation arménienne. C'est ainsi que, sur ces trois ecclésiastiques, M. l'abbé Hassoun fut nommé coadjuteur de Mgr Marusci, avec le droit de lui succéder, et consacré en 1842 évêque avec le titre d'archevêque d'Anazarbe *in partibus infidelium*.

Le bref apostolique de sa coadjutorerie avec le droit de succession future fut publié en 1842 dans une assemblée générale composée du clergé arménien catholique.

En cette qualité, Mgr Hassoun commença à prendre part à l'administration de l'Église arménienne catholique de Constantinople et de ses provinces, sous la direction de Mgr Marusci. La communauté, contente de l'administration de Mgr Hassoun, voulut l'élire trois années plus tard, c'est-à-dire en 1845, chef représentant officiel de la communauté, dit *patriarche civil*. Il ne désirait point cependant se charger d'un tel emploi civil, il y opposa des difficultés et s'y refusa pendant quelque temps; toutefois, pour ne pas dédaigner la confiance dont la communauté l'honorait, il finit par céder à ses instances.

Le but que la communauté poursuivait dans cette affaire était de réunir en la même personne les deux dignités de primat et de *patriarche civil*, car, à la suite de l'expérience acquise depuis plusieurs années, la communauté n'était point satisfaite de la séparation établie dès le début de l'émancipation entre deux personnes différentes, de l'exercice de sa double administration, c'est-à-dire de l'administration civile communale en la personne du *patriarche civil* et de l'administration spirituelle en la personne de l'archevêque primat;

c'est pourquoi elle attendait depuis longtemps le moment favorable pour pouvoir réunir en une seule personne cette double administration. Et puisque, par une marche naturelle des choses, elle prévoyait que M⁾ᵍʳ Marusci, à cause de son âge avancé et de sa faible santé, n'aurait probablement vécu que peu de temps encore, en ce cas, M⁾ᵍʳ Hassoun, en vertu du droit de succession, viendrait à être archevêque primat de Constantinople; et ainsi, par le fait, la double administration de la communauté, la civile communale et la spirituelle, se trouverait réunie en une seule personne.

Pour cette raison, il fut unanimement élu *patriarche civil* dans une assemblée générale composée du clergé et du peuple en l'an 1845.

M⁾ᵍʳ Hassoun était loin d'être convaincu des avantages prônés au sujet du cumul de cette double administration en une seule personne, dans des contrées et chez des populations encore imparfaitement organisées, en considérant surtout que, en Orient, on a souvent observé chez les laïques un désir démesuré d'exercer une certaine influence dans les affaires ecclésiastiques. Aussi, afin de ne point compromettre le libre exercice de l'autorité spirituelle par le contact de l'administration civile, M⁾ᵍʳ Hassoun posa, en acceptant la charge de *patriarche civil*, l'expresse condition de vouloir renoncer à cette charge lorsqu'il la verrait tourner au préjudice de l'autorité spirituelle.

Nommé *patriarche civil*, il fut reconnu en cette qualité par le gouvernement ottoman, et, muni du bérat impérial, il administra la communauté en sa double qualité de *patriarche civil* et de coadjuteur spirituel de l'archevêque primat, à la satisfaction et au contentement de tous. Sur ces entrefaites, c'est-à-dire en 1846, M⁾ᵍʳ Marusci vint à mourir, et M⁾ᵍʳ Hassoun, son coadjuteur, lui succéda en vertu du droit qui lui avait été conféré antérieurement par le Saint-Siége. Alors les administrateurs de la communauté, désireux de porter remède aux

intrigues de quelques mécontents qui n'avaient pas encore
connaissance de la participation préalable que les administrateurs représentants de la communauté avaient exercée
dans l'élection de ce prélat, s'empressèrent d'adresser **au**
Saint-Siége, conjointement avec le clergé et le peuple, une
lettre respectueuse couverte de nombreuses signatures, dans
laquelle, après avoir déclaré leur satisfaction aussi bien à cause
de l'élévation de M⁹ʳ Hassoun au siége primatial de Constantinople que de ses fonctions de *patriarche civil,* ils disaient en
termes clairs et expressifs que si le besoin s'en était fait sentir,
ils auraient demandé même alors M⁹ʳ Hassoun pour leur archevêque primat, de préférence à d'autres.

Ils ajoutaient dans la même pétition et demandaient ins-
tamment que le Saint-Siége voulût bien leur accorder à
l'avenir une participation plus explicite dans la nomination
de leurs archevêques primats.

Le Saint-Siége, à son tour, accueillit favorablement cette
humble et filiale pétition de la communauté en lui faisant
connaître qu'après mûr examen il s'empresserait de formuler
un système d'élection des archevêques, qui, tout en étant
conforme aux règlements et aux canons de l'Église, particulièrement ceux de l'Église orientale, pût satisfaire à la communauté. Ce qu'il promit, il prit soin de le réaliser plus tard,
comme on verra tout à l'heure.

Cependant M⁹ʳ Hassoun continuait à exercer sa double
administration, c'est-à-dire la spirituelle, en qualité d'archevêque primat de sa communauté, et la civile en qualité de
patriarche civil, ce qui réalisait le désir que la communauté
avait conçu. Il exerçait l'une et l'autre par des dispositions
justes et capables de les garantir de toute collision réciproque
et de toute confusion éventuelle. Il s'occupait de l'administration spirituelle des fidèles avec le concours d'un conseil
ecclésiastique formé et pris parmi les membres les plus capables de son clergé.

De même, il prenait soin de l'administration civile de la nation avec le concours d'un conseil laïque composé des notables et des artisans éclairés et intelligents, pris parmi les élus de la communauté. Les questions mixtes concernant le spirituel et le civil étaient traitées dans un conseil également mixte, composé d'ecclésiastiques et de laïques. Ainsi la communauté était gouvernée spirituellement et temporellement avec une paix et une harmonie parfaites à la satisfaction de la nation, qui faisait sans cesse de nouveaux progrès dans son amélioration et son avancement, grâce à la prévoyante administration de ses églises, de ses écoles et de ses établissements de bienfaisance situés dans la capitale de l'empire ottoman et dans les vastes provinces relevant du siége épiscopal primatial de Constantinople, grâce à l'institution d'un séminaire central pour mieux réformer l'état du clergé dans la capitale et dans les provinces, ainsi que par la fondation de l'institut des Sœurs nationales de l'Immaculée Conception, destiné à l'éducation des filles et spécialement des enfants pauvres; de sorte que ses progrès remarquables attiraient l'attention des autres communautés et excitaient malheureusement la jalousie de quelques personnes.

L'ennemi commun ne pouvait souffrir plus longtemps un tel progrès chez cette communauté qui, malgré tant de malheurs et de pertes d'argent dus aux désastres produits par les incendies et la stagnation du commerce, ne manquait jamais, grâce à son industrie et à son activité infatigables, de pourvoir à ses besoins et d'améliorer même l'état de ses coreligionnaires dans les provinces.

Les jaloux et les mécontents profitèrent, pour entraver ces heureux résultats, des événements qui se succédèrent en Europe en 1848, et qui suscitèrent dans le sein de la communauté des désordres assez graves pour en troubler la paix.

Mgr Hassoun, conjointement avec les notables préposés à l'administration civile communale, ne négligea aucun moyen pour porter remède à cet état inquiétant; mais, voyant l'exaltation des esprits au sujet des événements qui agitaient l'Europe, et craignant que la double administration réunie en sa personne ne facilitât à l'influence laïque le moyen d'entraver la liberté ecclésiastique, le patriarche prit la résolution de se retirer de l'administration civile, en abandonnant l'office de *patriarche civil,* c'est-à-dire l'administration communale, à la libre disposition de la nation.

Il se tint ferme dans cette résolution, malgré le déplaisir qu'en témoignaient les hommes de bien de la communauté, et malgré les conseils qu'Aali pacha lui-même, satisfait de voir l'administration spirituelle et civile réunie en une seule personne, lui donnait pour le détourner d'une pareille résolution. Vers la fin de 1848, il renonça définitivement à la gestion des affaires civiles en déclarant au gouvernement et à la communauté la condition bien expresse que, en sa qualité d'archevêque primat, il n'entendait nullement renoncer à son autorité ni à son administration spirituelles, attendu que cette autorité était tout à fait distincte de la civile.

Après cette déclaration, la Porte Ottomane admit la renonciation faite par M⁐ Hassoun de sa charge de *patriarche civil* et fit parvenir à la communauté arménienne catholique un ordre gouvernemental dans lequel elle lui prescrivait de procéder à l'élection d'un candidat pour occuper la charge de patriarche civil, à la condition toutefois que celui-ci ne se mêlerait en rien de ce qui concernait l'autorité spirituelle, qui était de la compétence exclusive de M⁐ Hassoun, en sa qualité d'archevêque primat de la même communauté.

Ce fut à cette condition, voulue par le gouvernement et notifiée par lui à la communauté, que celle-ci choisit son chef représentant dans la personne du prêtre Jean Salviani, auquel le gouvernement délivra le bérat impérial. A Salviani succéda, en 1853, le P. Nicolas Gagonian, qui remplit les fonctions de chef représentant jusqu'à sa mort, arrivée en 1860. Le

P. Gagonian fut, sous le titre déjà cité de *patriarche civil,* le dernier chef communal des catholiques arméniens sujets à la juridiction spirituelle de l'archevêque primat de Constantinople.

En attendant, Mgr Hassoun, jouissant de la liberté dans l'exercice de son autorité spirituelle, continuait à s'occuper de plus en plus, dans le cercle de ses attributions, de l'amélioration et du bien-être de ses fidèles.

Afin que les fidèles placés sous sa vaste juridiction spirituelle pussent être mieux gouvernés, il pria le Saint-Siége de vouloir bien ériger quelques diocèses suffragants dans les différentes provinces qui relevaient du siége primatial ; ce que le prélat, suivant les canons ecclésiastiques, ne pouvait faire par lui-même, sans l'autorisation du Saint-Siége. Il appuyait ses prières des promesses déjà faites par le Souverain-Pontife Pie VIII, dans la bulle d'érection du siége primatial. Elles étaient conformes au désir manifesté par la communauté arménienne catholique, dès l'an 1836, dans une pétition signée par les administrateurs de la communauté et présentée par eux à l'archevêque primat, afin d'en obtenir la consécration de quelques évêques suffragants qui pussent l'aider dans l'exercice de sa vaste juridiction primatiale.

Le Saint-Siége accueillit ces vives instances avec d'autant plus de satisfaction qu'il se rappelait la promesse faite à la communauté, quant aux élections des archevêques, de lui accorder, moyennant un système électoral, une participation juste et opportune.

Cependant, avant d'établir cette forme de participation conformément aux canons et aux principes de la discipline ecclésiastique, il voulut pour ainsi dire créer les éléments nécessaires pour régler la forme de l'élection de l'archevêque primat et des évêques suffragants. A cet effet, il procéda, en 1850, à l'érection requise des six siéges épiscopaux auxquels il éleva ensuite, par sa propre autorité, les évêques respectifs suffragants de l'archevêque primat de Constantinople.

Malheureusement, à peine eut-on connu à Constantinople que le Saint-Siége avait nommé ces suffragants, que des plaintes furent élevées par les mécontents contre Mgr Hassoun, déclarant que, par un tel procédé, il avait trahi les droits de son Église et de sa nation ; tandis que, au contraire, tous les honnêtes gens et les populations des nouveaux diocèses le remerciaient chaudement et attendaient avec instance l'arrivée de leurs évêques respectifs.

Il est bon d'observer ici, en passant, qu'il existe généralement en Orient un vice capital dans l'organisation des communautés chrétiennes, et c'est là ce qui décide le plus souvent de leur sort, je veux dire l'esprit de sécularisation ou au moins une tendance à prédominer sur l'exercice de l'autorité spirituelle. Tel est l'esprit qui a entraîné plusieurs Églises à la révolte contre l'autorité ecclésiastique et à la séparation du centre de l'unité catholique, les précipitant ainsi dans l'abîme du schisme.

A l'époque de l'institution des nouveaux siéges, il se trouvait malheureusement au sein de la communauté arménienne catholique un parti composé de quelques religieux et de leurs adhérents, lesquels, non contents de manifester une excessive propension pour leurs concitoyens schismatiques, tendaient en outre à prédominer sur l'exercice de l'autorité ecclésiastique. Observons encore que l'exemple donné continuellement à ce parti par les autres communautés non catholiques les stimulait de plus en plus à la réalisation de leurs idées d'influencer l'autorité spirituelle.

Cet esprit cherchait à se prévaloir habilement des occasions qui lui semblaient propices pour s'approprier un certain empire sur l'administration ecclésiastique ; aussi l'élection des nouveaux évêques ne pouvait manquer d'être exploitée par ceux du parti, comme un moyen d'acquérir une plus grande influence, d'autant plus que certaines ambitions personnelles et des tendances à secouer le joug de l'autorité venaient à l'appui de leurs intentions.

Il est fort utile à celui qui veut suivre la marche des événements déplorables qui ont désolé la malheureuse nation arménienne d'avoir cette observation présente à la mémoire, afin de bien connaître l'esprit et les tendances des différends qui ont surgi au sein de la communauté arméno-catholique.

Et, en effet, c'est bien cette tendance à prédominer sur l'exercice de l'autorité spirituelle qui aujourd'hui, comme par le passé, a été la cause de tant de scissions regrettables.

De son côté l'autorité ecclésiastique, veillant toujours de près sur cet esprit de parti, ne cessait d'employer tous les moyens nécessaires pour sauvegarder les intérêts spirituels et pour prévenir toute conséquence funeste. Mais ces mêmes mesures irritaient davantage les contradicteurs.

Revenant à l'exposé des faits, l'on comprendra aisément, d'après cette observation, la véritable cause des plaintes suscitées contre le Saint-Siége et l'archevêque primat par ces esprits inquiets, au sujet de l'élection des nouveaux évêques. Mais, pour faire ressortir davantage l'injustice de ces plaintes, observons ici que l'intention du Saint-Siége dans l'érection des siéges suffragants était aussi de formuler un système pour l'élection des évêques, tel que, suivant l'antique discipline de l'Église orientale, l'archevêque primat, d'accord avec ses suffragants, aurait procédé à l'élection des évêques, et ceux-ci, d'accord entre eux, auraient pu élire leur archevêque primat en cas de décès et en demander la confirmation au Saint-Siége.

Nous avons appris à ce sujet que Mgr Hassoun se trouvant à Rome, alors que les siéges suffragants étaient à peine érigés, déclara que, en sa qualité d'archevêque primat métropolitain et conformément à la discipline de l'Église orientale, l'élection de ses évêques le regardait.

Pourvoi ayant été fait auprès du Saint-Père, celui-ci fit observer que, d'après l'antique discipline même de l'Église, un métropolitain ne pouvait élire tout seul ses suffragants : il lui
fallait en cela l'accord de ces mêmes suffragants comme élé-
ment nécessaire à une telle opération ; et comme cela lui faisait
alors défaut, cette discipline ecclésiastique évoquée par lui
ne pouvait être observée dans la circonstance. C'est pourquoi,
après que le Saint-Siége lui aurait préparé ces éléments par
la nomination des premiers suffragants, il pourrait procéder
à l'avenir aux élections successives d'accord avec ces mêmes
suffragants. Mgr Hassoun acquiesçant à cette sage solution,
les six évêques suffragants furent aussitôt nommés aux siéges
nouvellement érigés. Et le Saint-Siége était disposé à formuler
le système électoral pour l'avenir, de la manière qui a été
mentionnée. Mais les contradictions scandaleuses des mécontents et les recours faits par eux au sujet de l'élection de ces
évêques aux ministres ottomans donnèrent au Saint-Siége
un motif de réfléchir sérieusement sur le système d'élections
à adopter et l'induisirent, après avoir observé la marche des
choses pendant trois années, à ne point risquer à l'avenir
l'élection des évêques, et pour cela, changeant son projet, il
se borna à une forme électorale qui n'était pas aussi large que
l'autre comme on le verra plus bas.

Et d'abord, à cause des désordres suscités, on dut faire intervenir l'action de l'ambassade de France à Constantinople.
C'est précisément M. le marquis de Lavalette, ambassadeur
de France, qui traita d'abord avec Aali pacha, ministre des
affaires étrangères, afin de pouvoir convenir sur la forme
d'élection des évêques. Enfin, après diverses discussions, on
tomba d'accord sur la substance d'un système, comme on
peut s'en convaincre par les archives du divan impérial et
par celles de l'ambassade, système qui a été suivi par une
instruction que le Saint-Siége a formulée et envoyée en 1853,
et qui est connue par son mot initial sous le nom de *Licet.*

Dans cette instruction relative aux élections, les fidèles, le clergé, les évêques et le primat avaient chacun leur part respective dans les élections. En vertu de cette instruction, le clergé et les fidèles du diocèse respectif, soit du siége primatial, soit des siéges suffragants, présentaient une liste d'un certain nombre d'ecclésiastiques qu'ils jugeàient dignes de leur *bon témoignage*. Sur cette liste, l'archevêque primat, d'accord avec ses suffragants, ou, en cas de vacance du siége primatial, les évêques suffragants eux-mêmes, choisissant les candidats et en formant une liste de trois ecclésiastiques, la présentaient au Saint-Siége, qui nommait le plus digne au diocèse suffragant vacant ou bien encore au siége archiépiscopal primatial. La part que devait prendre le synode dans la présentation des candidats était nécessaire, d'autant plus qu'elle formait comme un contrôle et une sauvegarde contre l'influence séculière. Enfin toute menée et toute intrigue était déjouée par le droit que s'était réservé le Saint-Siége de choisir l'évêque, en cas de besoin, en dehors des trois candidats proposés.

J'omets ici les observations qui naissent de l'exposé des faits. Je dirai seulement que ces Arméniens doivent plutôt rejeter le blâme sur eux-mêmes et s'en prendre à leurs propres contradictions et à leurs désordres s'ils n'obtinrent pas alors une forme électorale plus ample.

Il est bon de signaler ici un incident qui eut lieu dans ces conférences entre l'ambassadeur de France et le ministre ottoman. Aali pacha fit d'abord quelques observations sur l'article dans lequel le Saint-Siége se réservait la liberté de nommer un autre sujet, même en dehors de la liste de présentation, dans le cas qu'il n'y figurerait aucun sujet digne de la charge et de la dignité épiscopales.

L'ambassadeur de France lui fit observer à son tour que cela était plutôt une question de principe sur lequel le Saint-Siége ne pouvait céder sans porter préjudice au droit de sa suprématie ; que du reste, en pratique, le Saint-Siége faisait son choix parmi les trois noms présentés par l'épiscopat arménien, et qu'il en était de même, quoique rarement, dans les présentations de candidats aux évêchés de France faites par l'empereur Napoléon ; et, en ce cas, le saint-Siége, pour des raisons graves, y substituait un autre sujet. L'ambassadeur de France ajoutait que le gouvernement n'avait pas raison d'exiger un droit et un privilége qui ne sont pas même accordés aux puissances catholiques.

Sur ces déclarations, ainsi qu'il ressort des comptes rendus officiels, le ministre ottoman s'était calmé.

Ainsi, malgré le mécontentement des esprits inquiets, l'élection des évêques suffragants du siége primatial fut mise en pratique d'après la teneur de cette instruction, avec le concours de la communauté, du *patriarche civil*, de son conseil et de la Porte Ottomane, et il faut observer ici que, dans les nombreuses élections pratiquées jusqu'en 1867, le saint-Siége avait nommé les évêques sur la liste qui lui était présentée par l'épiscopat arménien.

La communauté arménienne catholique, s'étant enfin quelque peu calmée, s'appliquait pacifiquement à son administration civile communale au moyen d'un conseil laïque composé des mêmes arméniens catholiques et présidé par le patriarche civil que la communauté, comme on a dit plus haut, avait continué à nommer et à remplacer pour conserver sa représentation officielle auprès du gouvernement ottoman, depuis que Mgr Hassoun s'était démis de cette charge. Mgr Hassoun, à son tour, en sa qualité d'archevêque primat de la même communauté, continuait à exercer pacifiquement son autorité spirituelle. Il continua de même plus tard, comme chef spirituel, certains rapports avec la Sublime-Porte, en vertu de la communication qu'il avait remise au gouvernement ottoman, à l'occasion de sa renonciation à la charge de *patriarche civil*, acte par lequel, en sa qualité d'archevêque primat de la communauté, il se réservait la pratique de son autorité spirituelle à titre de chef spirituel légitime.

On continua ce système jusqu'en 1856, époque à laquelle, en vertu du hatti-houmayoun mentionné dans l'article IX du traité de Paris, on octroya aux chrétiens de l'empire ottoman la liberté de culte, de même qu'aux évêques et aux chefs religieux le libre exercice de leur autorité spirituelle. Mgr Hassoun, profitant de cette occasion, expliqua ses raisons au gouvernement ottoman pour entrer en possession de ce droit, et il obtint, en effet, que le même gouvernement le reconnût officiellement en sa qualité de légitime archevêque primat, chef spirituel de sa communauté. En conséquence, on lui délivra, en 1857, le bérat impérial par lequel il était muni des priviléges et immunités à l'égal des chefs spirituels des autres communautés chrétiennes, et autorisé expressément à exercer librement son autorité ecclésiastique à titre de *chef légitime spirituel des Arméniens catholiques, en sa qualité d'archevêque primat de Constantinople.* Ce sont les propres termes du bérat.

C'est ainsi qu'il traitait directement et officiellement avec le gouvernement ottoman les affaires ecclésiastiques de son archidiocèse et de ses évêques suffragants dans les provinces, et, sur l'ordre du gouvernement, il s'occupait encore auprès de la Porte d'autres affaires bien délicates dont elle le chargeait, de même que des affaires d'autres nations catholiques, comme par exemple des Syriens, des Chaldéens et autres.

De son côté, le *patriarche civil* ne cessait point pour cela d'exercer l'administration civile de la communauté arménienne catholique auprès de la Sublime-Porte.

Cet état de choses continua pacifiquement jusqu'en 1860. A cette époque, le patriarche civil, nommé Gagonian, étant mort, la communauté arménienne catholique ne crut pas devoir le remplacer dans le patriarcat civil, attendu que les attributions de patriarche civil se bornaient à peu d'affaires

communales, puisque Mgr Hassoun continuait à traiter directement avec la Porte Ottomane les affaires concernant son autorité ecclésiastique. La communauté continua donc à s'occuper elle-même de son administration communale au
moyen d'un conseil laïque et national, élu par la communauté et reconnu comme tel par le gouvernement ottoman.
Cet état de choses dura pacifiquement jusqu'en 1866.

Telles avaient été jusque-là les diverses phases de l'administration spirituelle et civile de cette partie de la nation arménienne catholique qui était soumise au chef de juridiction
résidant à Constantinople.

CHAPITRE II

La Communauté arménienne catholique de Cilicie.

L'autre partie de la nation arménienne catholique était soumise, ainsi que nous l'avons dit, à un chef de juridiction résidant au mont Liban. Nous allons esquisser rapidement l'histoire de cette partie de la nation arménienne catholique, dont le chef avait le titre de patriarche de Cilicie.

Vers le milieu du siècle passé, le patriarche arménien de Sis en Cilicie étant mort, quelques évêques de ce patriarcat, persuadés que la vérité n'est que dans l'Église catholique, se séparèrent avec un certain nombre d'ecclésiastiques et de laïques du reste des schismatiques, et ayant élu pour leur patriarche Mgr Abraham, déjà archevêque d'Alep, ils se rendirent à Rome, où ils se firent reconnaître par Benoît XIV.

Ce Pape d'illustre mémoire les reçut avec la plus haute bienveillance, et (après que Mgr Abraham eut fait la profession de foi et prêté le serment d'obédience au chef suprême de l'Église, conformément à l'usage) il confirma, en 1742, l'élection de ce patriarche pour le siége de Cilicie. Afin d'honorer davantage le nouveau patriarche, le Souverain-Pontife lui conféra le titre de Pierre, titre que ses successeurs ont conservé en s'appelant Pierre II, III, IV, etc. Désireux, en outre, d'encourager la nouvelle communauté contre les persécutions auxquelles elle serait en butte, Benoît XIV voulut bien, de ses propres mains, revêtir du pallium patriarcal le patriarche Abraham-Pierre dans la même année 1742, le comblant de magnifiques présents, et, après lui avoir accordé des faveurs spéciales et des privilèges exceptionnels, il l'envoya gouverner l'Église de Cilicie, qui, comme nous l'avons dit, formait l'autre partie de la nation arménienne.

De retour en Turquie, Mgr Abraham-Pierre ayant rencontré de graves embarras suscités par les schismatiques, ses anciens coreligionnaires et concitoyens, se vit obligé, pour vivre en sûreté, de se retirer au mont Liban, où la digne nation maronite lui fit l'accueil le plus sympathique.

Mgr Abraham-Pierre établit alors sa résidence à Bzommar, et bientôt, grâce aux secours d'illustres bienfaiteurs de cette même communauté, il put y fonder sa résidence patriarcale et son séminaire, et, assisté de ses évêques suffragants, y gouverna avec zèle et profit les fidèles répandus dans les provinces de Syrie, de Cilicie, de Palestine, de Cappadoce, d'Asie Mineure, d'Égypte et d'autres lieux environnants, tout en s'occupant, avec une ardeur infatigable, de la conversion des schismatiques.

Grâce aux soins paternels que déployaient les patriarches de Cilicie, ainsi que leurs évêques suffragants et leur clergé, le nombre des catholiques s'augmentait de jour en jour; de sorte que les quelques milliers de catholiques qui existaient au commencement du patriarcat d'Abraham-Pierre Ier, et étaient gouvernés par trois évêques seulement, s'accrurent jusqu'à atteindre par la suite le nombre de plus de 30,000 catholiques gouvernés par plus de dix évêques, les uns en qualité de diocésains, les autres d'assistants du patriarche.

Pour ce qui était de leur administration civile communale, ces catholiques dépendaient plus ou moins librement, selon les circonstances spéciales des diverses provinces, de l'autorité civile de patriarches arméniens non unis de Constantinople, comme en dépendait aussi la communauté arménienne catholique de cette capitale, ainsi qu'il a été dit plus haut. Mais après l'émancipation accordée, en 1830, à la nation arménienne catholique, la communauté de Cilicie vint, elle aussi, à être reconnue par le gouvernement ottoman, comme dépendant dans ses rapports civils du chef ou représentant officiel catholique résidant à Constantinople avec le titre d'*évêque* ou de *patriarche civil,* ainsi que nous l'avons déjà dit.

Les patriarches de Cilicie, conformément à l'antique système de l'Église orientale et en vertu des concessions que leur avait accordées le Souverain-Pontife Benoît XIV, instituaient, selon le besoin, de nouveaux diocèses, élisaient leurs évêques avec le concours du synode épiscopal et sur la présentation d'une liste de candidats proposés d'un commun accord par le peuple et le clergé des diocèses respectifs, puis nommaient et confirmaient les évêques, et communiquaient au Saint-Siége le résultat de leurs actes.

Quant aux patriarches, ils étaient élus par leur synode épiscopal. L'élu et les actes du synode électoral, signés par les évêques qui y avaient pris part à titre d'électeurs, étaient présentés au Saint-Siége pour qu'il voulût bien accorder sa confirmation. Dès que le Saint-Siége s'était assuré de la régularité de l'acte d'élection, il reconnaissait l'élu, lui envoyait le bref apostolique de confirmation et l'investissait du pallium patriarcal, symbole de la plénitude de l'autorité patriarcale.

Les choses marchèrent de la sorte jusqu'au patriarcat de Grégoire-Pierre VIII, qui fut aussi muni d'un bérat impérial par lequel sa dignité et sa juridiction patriarcales étaient reconnues officiellement. Dès lors, il avait pu traiter ses affaires avec la Sublime-Porte par l'intermédiaire d'un procureur qu'il avait constitué et envoyé à Constantinople. Ses évêques suffragants pouvaient de même, dans leurs provinces respectives, traiter leurs affaires avec les gouverneurs ottomans, en vertu du bérat de leur patriarche, et, au besoin, le procureur de la communauté de Cilicie à Constantinople, comme aussi l'archevêque primat et le *patriarche civil* résidant dans cette même ville, ne manquaient pas d'appuyer les affaires du même patriarcat avec leurs bons offices et leur influence auprès de la Porte Ottomane.

Tel est le système qui a régi jusqu'en 1866 l'Église arménienne catholique, sujette, comme on l'a vu, à deux chefs de juridiction, l'un, le patriarche de Cilicie, résidant au mont Liban, et l'autre, l'archevêque primat de Constantinople, résidant dans cette capitale. Celui-là jouissait d'une dignité ecclésiastique plus éminente, celle de patriarche; celui-ci, d'une plus grande influence, vu l'importance de sa résidence dans la capitale de l'empire ottoman.

Ces deux chefs, juridictionnaires d'une même nation, distincts entre eux et réciproquement indépendants, faisaient tous leurs efforts pour développer le bien-être de leurs communautés respectives au milieu d'une paix profonde et parfaite.

Cependant l'unité de direction était désirée par tout le monde, afin que cette union permît de mieux pourvoir aux intérêts spirituels et matériels de la nation. Ce désir avait engagé la communauté arménienne catholique de Constantinople à demander plusieurs fois au Saint-Siége, et particulièrement en 1841, par une pétition respectueuse présentée par les administrateurs de la communauté, de vouloir bien réunir ces deux siéges en un seul sous un même pasteur.

Quoique l'utilité de ce projet, et par conséquent la justice de cette demande fût reconnue par le Saint-Siége, toutefois il avait alors jugé d'en remettre l'exécution à une occasion plus propice; ce fut la raison pour laquelle les choses se maintinrent dans leur état primitif jusqu'en 1866.

CHAPITRE III

L'union des deux siéges de Constantinople et de Cilicie.

Vers cette époqne, ledit Mgr Grégoire-Pierre VIII, sentant approcher le terme de sa vie, et convaincu lui-même de l'utilité qui résulterait pour l'Église arménienne catholique de l'union de ces deux siéges en une seule juridiction, consulta à cet effet ses évêques suffragants. Tous, d'accord sur l'utilité du projet, convinrent également sur les divers moyens à adopter à cet effet.

Mgr Grégoire-Pierre VIII députa alors, en son nom et en celui de son conseil, quelques-uns de ses évêques qui, se rendant à Constantinople, exposèrent le dessein du patriarche à l'archevêque primat Mgr Hassoun, dans plusieurs conférences qu'ils eurent avec lui. Mais la mort de l'éminent patriarche de Cilicie, survenue sur ces entrefaites, c'est-à-dire au commencement de 1866, interrompit les négociations.

Cependant les évêques de Cilicie, persuadés qu'il était toujours de la plus grande utilité, pour l'Église arménienne catholique, d'amener à bonne fin le projet d'union des deux siéges, voulurent profiter à ce sujet de la vacance du siége patriarcal. S'étant donc réunis pour procéder, selon leur antique et légitime usage, à l'élection de leur patriarche, au mont Liban, dans leur couvent de Bzommar, jusqu'alors résidence des patriarches de Cilicie, et considérant bien mûrement la question et le désir de la nation, ils jugèrent encore une fois opportun et utile que l'union projetée vînt à s'effectuer. Dans ce but, ces prélats, de leur propre mouvement et à l'unanimité des voix, élurent, le 14 septembre 1866, patriarche de Cilicie, M⸢ʳ⸣ Hassoun, alors archevêque primat de Constantinople, et le proclamèrent Antoine-Pierre IX à titre de légitime successeur de Pierre VIII, afin de pouvoir àinsi réunir par le fait les deux siéges sous une seule juridiction. Aussitôt après cette élection, les évêques expédièrent au Saint-Siége, ainsi qu'à M⸢ʳ⸣ Hassoun, à Constantinople, les actes synodaux, et attendirent avec impatience le résultat désiré de leur action.

M⸢ʳ⸣ Hassoun, avant même d'avoir référé au Saint-Siége le résultat de l'élection, interpella Aali pacha, grand vizir de l'empire ottoman, au sujet de cette union, faisant ainsi preuve de la déférence qu'il professait envers la personne d'Aali pacha.

Le ministre, à ce que nous ont dit des personnes bien renseignées, fut parfaitement d'accord sur ce point avec M⸢ʳ⸣ Hassoun et offrit avec satisfaction ses félicitations au même prélat, auquel il manifesta en même temps le désir de voir la nouvelle résidence patriarcale transférée du mont Liban à Constantinople, où se trouvaient aussi réunis les patriarches des nations grecque et arménienne non-unies.

Le Saint-Siége, soumettant à son tour à un mûr examen l'ensemble des choses, et jugeant bon d'obtempérer enfin au désir déjà maintes fois manifesté par la communauté arménienne catholique, admit l'instance, approuva l'élection faite par les évêques de Cilicie et, supprimant le siége primatial de Constantinople, réunit les deux siéges le 12 juillet 1867 et confirma M⸢ʳ⸣ Hassoun patriarche de Cilicie pour la nation arménienne catholique, transférant en même temps à Constantinople la résidence patriarcale, conformément au désir exprimé par Aali pacha, ainsi que par la communauté de Constantinople.

De plus, désireux de témoigner encore une fois à la nation arménienne l'affection et l'intérêt qu'il lui portait, le Souverain-Pontife investit de ses propres mains Mᵍʳ Hassoun du pallium patriarcal, en présence des évêques suffragants de Cilicie et de la province ecclésiastique de Constantinople, comme aussi devant d'autres prélats et patriarches, notamment ceux de rite oriental, qui se trouvaient alors à Rome, invités à la solennité anniversaire du centenaire de Saint-Pierre.

On comprend aisément que cette union des deux siéges jusqu'alors indépendants l'un de l'autre, mais relevant tous les deux directement du Saint-Siége, entraînant avec elle la suppression du siége primatial de Constantinople, et la translation de la résidence patriarcale dans cette capitale, ainsi que la nouvelle constitution de l'Église arménienne tout entière sous la juridiction et la direction d'un seul patriarche, était un changement bien grave qui ne pouvait manquer d'attirer l'attention et la sollicitude du Saint-Siége, afin d'adopter des dispositions capables d'assurer une meilleure organisation à cette Église. C'est précisément pour prendre des mesures salutaires dans une affaire de si haute importance, que le Saint-Siége publia en 1867 la bulle *Reversurus* par laquelle il sanctionnait l'union des deux siéges et traçait de sages dispositions surtout en ce qui concernait la règle à suivre pour l'élection des évêques dudit siége patriarcal et la non-aliénation des biens ecclésiastiques.

De retour à Constantinople dans le courant de la même année 1867, Mᵍʳ Hassoun, accompagné de ses suffragants, fut accueilli par des démonstrations publiques de satisfaction de la part de toute la nation, ainsi que de la part du gouvernement, en sa qualité de patriarche de Cilicie de toute la communauté arménienne catholique.

Peu après, la cérémonie d'intronisation du patriarche fut célébrée solennellement dans son église cathédrale, en présence de ses suffragants archevêques et évêques, et devant le clergé et un peuple immense.

En considération de tout cela, les évêques suffragants de Cilicie, conjointement aux évêques du siége primatial de Constantinople déjà supprimé, présentèrent une instance à la Sublime-Porte pour lui demander le bérat de reconnaissance du patriarche. Le gouvernement accueillit la demande des évêques, et Mgr Hassoun fut muni d'un nouveau bérat impérial signé par le sultan lui-même, et en vertu duquel le prélat était reconnu solennellement en sa nouvelle qualité de patriarche de la nation arménienne catholique, avec les plus amples droits et priviléges.

CHAPITRE IV

Les dissensions.

De son côté, le patriarche convoqua en assemblée générale son clergé et quelques évêques qui n'étaient pas encore partis pour leurs diocèses, et, après un discours analogue à la circonstance, il promulgua la bulle *Reversurus* qui fut accueillie avec respect sans qu'on fît la moindre observation.

Quelque temps après, Mgr Hassoun convoqua dans son palais patriarcal ces mêmes évêques ainsi que les notables du clergé et du peuple en assemblée générale.

Le patriarche exposa nettement la portée des dispositions adoptées par le Saint-Siége dans la bulle *Reversurus* et publia le bérat impérial qui lui avait été délivré par le sultan.

Bien que la grande majorité de l'assemblée témoignât ouvertement de sa vive satisfaction pour la sagesse de la bulle et la reconnaissance officielle du patriarche au moyen du bérat, le parti des mécontents ne manqua pas de soulever des difficultés au sujet de l'une et de l'autre.

Nous croyons utile d'exposer ici ces difficultés ainsi que la solution donnée par le patriarche, dans cette assemblée et en d'autres occasions, afin que le lecteur soit pleinement édifié sur la droiture de celui-ci et sur le but auquel tendaient les auteurs de celles-là.

Quant à la bulle, ils attaquaient principalement les dispositions par lesquelles le Saint-Siége, dérogeant à l'ancien privilége du patriarche d'élire, d'accord avec le synode, les évêques suffragants, se réservait de les élire lui-même sur la liste des trois candidats, dressée par le patriarche avec le concours de ses évêques. Et, en effet, cette mesure s'opposait directement aux tendances du parti déjà signalé, lesquelles s'étaient manifestées de longue date au sein de la communauté arménienne. Les mécontents voyaient s'évanouir de la sorte tout espoir d'influencer à leur gré l'élection du patriarche et des évêques.

Est-il étonnant qu'avec de telles dispositions le parti mécontent osât, dans cette même assemblée, qualifier la bulle d'acte attentatoire aux droits nationaux, par cela seul que le Saint-Siége se réservait de concourir avec le synode épiscopal à l'élection des évêques ?

Ces esprits inquiets avaient soin de faire observer que le Saint-Siége, se réservant la faculté de choisir les candidats aux siéges épiscopaux vacants, en dehors même des trois sujets présentés par le synode, en serait venu à élire des personnes peu agréables à la communauté, et dont l'élection ne satisfaisait point le gouvernement ottoman. Ils ajoutaient que, par suite de la suppression du siége primatial de Constantinople, Mgr Hassoun, tout en jouissant de sa juridiction sur le patriarcat, n'en restait pas moins, pour les catholiques résidant dans la capitale, leur pasteur et évêque de la même manière que les évêques suffragants étaient pasteurs de leurs diocèses respectifs; que, partant, les catholiques résidant à Constantinople avaient tout aussi bien que les catholiques résidant dans les provinces le droit de participer à l'élection de celui qui, quoique jouissant d'une juridiction patriarcale, était cependant leur évêque et pasteur; d'autant plus qu'ils avaient participé, moyennant une liste de candidats, à l'élection de leur pasteur au temps où celui-ci n'était qu'archevêque primat.

« Et voilà, s'écriaient-ils, que ce droit nous est enlevé par la bulle dont les prescriptions veulent que le patriarche soit exclusivement élu par le synode épiscopal. »

Ils renchérissaient sur leur plainte, en ajoutant que les catholiques résidant dans les provinces jouissaient non-seulement de l'avantage de participer à l'élection de leurs évêques, mais qu'ils participaient par là même à l'élection du patriarche, attendu que ces mêmes évêques représenteraient les communautés des provinces au synode électoral du patriarche, tandis que les catholiques de Constantinople n'y auraient aucun représentant; et pourtant, disaient-ils, leur résidence dans la capitale de l'empire, et leur dépendance immédiate du patriarche, qui était en même temps leur évêque et pasteur, les rendait bien dignes d'être pris en considération et favorisés d'une manière spéciale par le Saint-Siége.

Quant au bérat, ils élevaient des plaintes non moins graves. Et ce n'était pas non plus sans motif, attendu qu'ils envisageaient ce document comme un moyen spécieux de séculariser l'autorité ecclésiastique. Car, comme ils supposaient à dessein que le bérat était un acte purement civil (c'est-à-dire la reconnaissance officielle du représentant, ou administrateur, ou chef civil de la communauté), ils en déduisaient logiquement, quoique basés sur un principe faux, que les laïques et le clergé avaient le droit de demander à la Porte cet acte de reconnaissance pour le sujet de leur choix.

On comprendra aisément, d'après cette observation, pourquoi les mécontents se plaignaient que le bérat, tel qu'il avait été demandé, était, tout aussi bien que la bulle, un acte attentoire aux droits de la nation arménienne catholique. « En effet, disaient-ils, les évêques seuls ont demandé le bérat au gouvernement ottoman; et ils l'ont demandé comme un acte de reconnaissance officielle de la charge de patriarche spirituel, tandis qu'il devrait être un acte pur et simple de reconnaissance officielle de la charge de *patriarche civil*. »

Telles sont les difficultés suscitées par les mécontents dans cette assemblée mémorable.

Voyons maintenant comment le patriarche les résolut.

Il fit tout d'abord observer à l'assemblée que la bulle *Reversurus* était simplement un acte ecclésiastique émané de la suprême autorité du chef de l'Église catholique, et qu'ainsi l'on pouvait assurer, en quelque sorte *à priori*, qu'elle ne concernait que des affaires spirituelles et ecclésiastiques, et n'avait rien à voir avec l'administration civile. Et, en effet, la bulle ne fait mention que du patriarche de Cilicie, seul chef spirituel de la communauté, et laisse par conséquent à celle-ci pleine liberté d'élire un sujet de son choix chef civil, pour lequel elle peut demander le bérat de reconnaissance officielle.

Quant à la forme de l'élection du patriarche et des évêques, Mgr Hassoun fit observer que, pour ce qui regardait le premier, la bulle n'avait fait, en laissant l'élection au synode épiscopal, que suivre la forme en usage dans les anciens temps, et d'après laquelle les évêques suffragants avaient seuls le droit d'élire le patriarche et d'en demander la confirmation au Saint-Siége. Les catholiques mêmes de Constantinople n'avaient donc nul droit de réclamer, attendu que, par la fusion du siége primatial de Constantinople avec le patriarcal de Cilicie, leur pasteur était devenu, selon leurs instances mêmes, chef de toute la communauté arménienne catholique et devait, en cette qualité, être élu selon la forme canonique adoptée *ab antiquo* pour l'élection du patriarche.

Pour ce qui était des évêques suffragants, la forme de l'élection avait été réellement modifiée par la bulle, pour des motifs graves et impérieux. Mgr Hassoun fit observer toutefois que cette modification regardait plutôt le patriarche et les évêques que le clergé et le peuple. En effet, le clergé et le peuple conservaient, après comme avant la bulle, leur participation à l'élection des évêques suffragants, moyennant la présentation d'un certain nombre de candidats de leur choix au synode épiscopal ; que si le Saint-Siége s'était réservé le droit de choisir lui-même un des trois candidats présentés par le synode épiscopal, cela regardait plutôt le synode même que le reste de la communauté. Il est vrai que le Souverain-Pontife se réservait, en cas de besoin, le droit d'élire un sujet en dehors de la liste dressée par le synode; mais cette clause indiquait assez que le Saint-Siége n'avait en vue que de pourvoir au cas où le synode se laisserait entraîner à proposer des sujets qui ne fussent pas dignes d'occuper le siége épiscopal, réserve qui avait en outre l'avantage de stimuler la communauté à ne proposer que de bons sujets. Du reste, la conduite suivie par le Saint-Siége au temps où, conformément à la loi déjà citée du *Licet*, il élisait les évêques suffragants du primatiat, sur la présentation de trois candidats que lui faisait le synode épiscopal, prouvait pour ainsi dire par analogie que, dans la clause susmentionnée de la bulle *Reversurus*, il n'avait d'autre but que le bien de la communauté. Car, de même qu'il avait toujours promu aux siéges suffragants un des trois candidats proposés par le synode, il agirait de même à l'avenir, hormis le cas de grave besoin, dans lequel il aurait fait usage, toujours pour le bien de la communauté, de son droit imprescriptible, de sa suprême juridiction sur toute l'Église catholique.

Il n'y avait eu précisément qu'un seul cas, lors du primatiat de Constantinople, dans lequel le Saint-Siége eût fait usage de ce droit, et la manière dont il procéda est une nouvelle confirmation de sa bienveillante déférence pour les justes désirs de la communauté et de l'épiscopat arménien catholique. Il s'agissait, en effet, de nommer un évêque au siége d'Angora, demeuré vacant par la mort de Mᵍʳ Scisman. Le Saint-Siége (ayant vu d'après les actes de l'élection présentés par le synode, que, d'une part, les catholiques d'Angora demandaient pour leur pasteur, de préférence à tout autre,

Mgr Arahial, déjà évêque de Trébizonde, et que, d'autre part, le synode épiscopal avait éliminé ce candidat de la liste de trois noms, dans le but de ne point priver la communauté de Trébizonde d'un pasteur qu'elle chérissait) était porté à contenter le désir de la communauté d'Angora, dont il n'avait eu qu'à se louer.

Mais, dans sa délicatesse, le Saint-Siége ne voulut point s'écarter de la liste du synode sans s'être d'abord assuré, par une interpellation formelle, du sentiment favorable de l'épiscopat. Ainsi, cette exception n'a fait que confirmer la règle et démontrer combien le Saint-Siége est empressé de satisfaire aux justes désirs de la communauté et de l'épiscopat arméniens.

Venant enfin aux difficultés relatives à la demande du bérat, Mgr Hassoun observa que l'élection du patriarche étant seulement du ressort du synode épiscopal, celui-ci était seul chargé de demander au gouvernement ottoman l'acte de reconnaissance officielle du même patriarche, et effectivement le bérat, tel qu'il avait été demandé et délivré, ne regardait que les fonctions ou l'administration spirituelles.

Cependant quelques-uns des principaux opposants, tout en déclarant enfin que la question d'élection des évêques regardait plutôt les ecclésiastiques que les laïques, soutenaient que le bérat délivré à Mgr Hassoun était un acte de reconnaissance officielle délivré par le gouvernement ottoman au chef représentant de la communauté, appelé par la Porte patriarche de Constantinople et par les catholiques *patriarche civil ;* et qu'ainsi la communauté tout entière aurait dû prendre part à la demande du bérat, et non le synode épiscopal seulement.

Dans cette discussion engagée au sujet de la portée et du sens du bérat, les uns soutenaient qu'il ne regardait que le gouvernement spirituel de la communauté, d'autres qu'il avait trait à l'administration civile communale, quelques-uns enfin le retenaient comme un acte de reconnaissance de la double administration religieuse et civile.

Désireux de trancher la question, Mgr Hassoun délara alors à l'assemblée qu'il retenait le bérat en tant qu'il était un acte de reconnaissance de son ministère ecclésiastique patriarcal, et que si des attributions civiles communales y étaient comprises, il les abandonnait à la communauté, qui était libre d'élire son représentant civil communal, de le présenter au gouvernement et de lui faire accorder le bérat impérial, afin qu'il pût procéder à l'administration des affaires civiles comnales.

Cette déclaration, qui mit fin à l'assemblée, fut ensuite soumise à l'approbation du gouvernement ottoman dans une note spéciale que lui remit Mgr Hassoun.

Or il arriva que Fouad pacha, alors ministre des affaires étrangères, ne voulut pas admettre cette déclaration du patriarche, auquel il fit observer que le gouvernement ottoman ne reconnaissait dans les communautés chrétiennes existant en Turquie qu'un seul chef, et celui-ci dans la personne de leur patriarche ; que, du reste, la communauté pourrait pourvoir à ses affaires civiles communales au moyen d'un conseil laïque présidé cependant par le patriarche. Sur cette déclaration, un conseil laïque fut formé et approuvé en même temps par le gouvernement.

Quant aux plaintes élevées au sujet de l'élection du patriarche en qualité de pasteur de la communauté de Constantinople, Mgr Hassoun fit entendre aux mécontents qu'ils pourraient faire là-dessus leurs observations au Saint-Siége avec la soumission et la confiance qui conviennent à des enfants dociles du Père commun des fidèles.

Mais ni ces conseils du prélat, ni la disposition adoptée par le gouvernement, pour ce qui concernait l'administration civile communale moyennant un conseil laïque, ne satisfirent les projets de quelques esprits inquiets dont nous avons déjà signalé les tendances. Ceux-ci insistèrent auprès de leur patriarche afin qu'il sollicitât du Saint-Siége la modification de la bulle. Leur intention dans tout cela était de se dégager des liens et des règlements par lesquels le Saint-Siége avait rendu impossible l'élection populaire du patriarche.

Les dissidents auraient voulu en effet, à l'égal des Arméniens et des Grecs non-unis, choisir les évêques selon leur bon plaisir, les déposer de même pour leur en substituer de nouveaux. Du reste, ils ne se cachèrent pas sur ces intentions, qu'ils déclarèrent plus tard publiquement, qu'ils défendirent à outrance et réalisèrent enfin après la consommation du schisme.

Le patriarche, se refusant, comme il était de son devoir, d'appuyer ces prétentions, fut attaqué ouvertement. Les laïques agissant en public étaient secrètement appuyés par divers ecclésiastiques qui, plus tard, jetant le masque, agirent d'un commun accord avec eux, ainsi qu'on le verra plus loin.

Les explications, les avertissements et tous les moyens charitables employés par le patriarche furent impuissants à les ramener à de meilleurs sentiments.

Aux attaques dirigées contre le patriarche, ils ajoutèrent bientôt la dénigration contre le Saint-Siége lui-même, qu'ils accusèrent d'être défavorable à la nation, et cela malgré les égards bienveillants qu'il avait manifestés en maintes occasions envers la nation arménienne et les faveurs singulières dont il avait comblé leur Église. Ils oubliaient ainsi dans leur ingratitude que leur existence religieuse et civile communale, et leur délivrance du joug de la dure administration des patriarches non-unis (sous lequel ils avaient gémi pendant des siècles jusqu'à l'époque de la dernière persécution en 1828 et jusqu'à leur pleine et entière émancipation accordée par les souverains de l'empire ottoman), ils ne l'avaient acquise que grâce à la sollicitude bienveillante déployée par le Saint-Siége auprès des puissances européennes.

En présence de ces plaintes, le Saint-Siége, désireux d'é-
touffer la discorde et de dissiper les appréhensions insinuées
auprès du gouvernement, envoya à Constantinople, au commencement de l'année 1868, Mgr Valerga, patriarche de Jé-
rusalem.

Après quelques conférences que ce prélat eut avec Fouad
pacha, ministre des affaires étrangères, celui-ci se montra
satisfait des explications reçues sur les dispositions adoptées
par le Saint-Siége dans la bulle *Reversurus*.

Pour apaiser ensuite l'agitation des mécontents, Mgr Valerga, sur l'avis du Saint-Siége et les conseils du ministre ottoman lui-même, accorda au clergé et au peuple de Constantinople (sans toutefois s'écarter des prescriptions de la bulle)
le privilége de prendre part (moyennant la présentation au
synode épiscopal d'une liste d'un certain nombre de candidats) à l'élection de deux évêques assistants du patriarche et
résidant avec lui dans la capitale, de la même manière que le
clergé et le peuple des diocèses suffragants participaient à
l'élection de leurs évêques respectifs.

De cette manière la communauté arménienne de Constantinople avait, elle aussi, une double part aux élections : une
par la présentation des candidats à la dignité d'évêques assistants du patriarche, l'autre par la présence et l'action de
ces mêmes évêques dans le synode épiscopal qui se réunirait
pour l'élection successive des patriarches.

Enfin le ministre ottoman déclara à Mgr Valerga, de la
manière la plus explicite, qu'il ne voyait aucun inconvénient
dans les dispositions de la bulle pontificale et l'assura en
outre que, si après tout cela, les mécontents ne se désistaient
point de leurs plaintes, la Sublime-Porte saurait se faire
respecter. On conçut ainsi l'espoir de voir les esprits se
calmer.

Et, en effet, il y eut un laps de temps assez tranquille qui
permit au patriarche de s'absenter de Constantinople dans la

même année 1868 et d'entreprendre la visite patriarcale de ses provinces, qu'il prolongea plusieurs mois durant.

De retour à sa résidence, il put, en 1869, réunir en synode patriarcal tous ses évêques suffragants et nationaux (1).

C'était la première fois, après bien des siècles, que, grâce à la protection bienveillante et aux garanties accordées par le sultan pour l'exercice du culte, la communauté arménienne catholique voyait accourir à Constantinople, des plus lointaines provinces de l'empire, tous les archevêques et évêques du patriarcat de Cilicie, ainsi que les abbés généraux des ordres religieux nationaux, afin de prendre part à un synode convoqué par le patriarche.

L'ouverture du synode eut lieu sous les plus heureux aus-

(1) Voici la liste des membres qui composèrent ce synode :

MM^{grs} Ignace Kalybgian, archevêque d'Amasie.

Pierre Apelian, archevêque de Marach.

Georges Hurmuz, archevêque de Siunia, abbé général des Méchitaristes de Venise.

Édouard Hurmuz, archevêque de Sirace, évêque ordonnant à Rome.

Jacques Bahdiarian, archevêque de Diarbékir.

Jean Hagian, archevêque de Césarée, en Cappadoce.

Jacques Bosagi, archevêque de Césarée, abbé général des Méchitaristes de Vienne.

Grégoire Balitïan, archevêque d'Alep.

Léonce Korkoruni, archevêque de Mélitène.

Melchior Nazarian, archevêque de Merdin.

Arsène Angiarakian, archevêque de Tarse, représenté au synode par un procureur.

Basile Gasparian, archevêque de Chypre.

Placide Kasangian, archevêque d'Antioche, abbé général des Antoniens arméniens.

Joseph Arakial, évêque d'Angora.

Pierre Filkian, évêque de Brousse.

Antoine Halagi, évêque d'Artwin.

Jean Ghiuregian, évêque de Trébizonde.

Étienne Israelian, évêque de Karputh.

Étienne Melchisédech, évêque d'Erzeroum.

Le très-révérend abbé Joseph Férahian, vicaire patriarcal au couvent de Bzommar.

pices, le jour de fête de saint Grégoire Illuminateur, apôtre
de l'Arménie, le 5 juillet 1869. Après la messe pontificale
célébrée par le patriarche, on procéda à la profession solennelle de foi selon la formule d'Urbain VIII *ad Orientales*, que
le patriarche ainsi que les archevêques et évêques récitèrent
agenouillés devant l'autel, prêtant à la fin le serment d'usage
sur les saints évangiles et en présence des insignes reliques
de saint Grégoire Illuminateur, et d'une image miraculeuse
de la sainte Vierge que le souverain pontife avait envoyées en
présent à la cathédrale afin de placer sous la protection de
Marie et de saint Grégoire l'Église arménienne catholique.
Enfin les évêques commencèrent le synode après avoir reçu la
bénédiction apostolique que le Saint-Père leur envoya en
cette circonstance.

Le synode ainsi convoqué, le patriarche put y traiter avec
ces mêmes évêques, avec toute l'attention et la sagesse vou-
lues, divers articles relatifs à l'Église arménienne catholique.

Malheureusement, parmi ces prélats, il s'en trouvait encore
quelques-uns qui, mal disposés à l'égard de la bulle *Reversurus*, et animés du même esprit dont les mécontents avaient
fait preuve, contribuèrent à maintenir le germe de la discorde.

Cependant l'approche de l'ouverture du concile œcuméni-
que du Vatican amena la suspension du synode, et le patriarche, après avoir pourvu aux besoins de son Église autant que
les circonstances malheureuses des temps le permettaient,
partit pour Rome avec ses évêques, laissant à Constantinople
Mgr Gasparian pour veiller, à titre de vicaire, à l'administration du patriarcat.

CHAPITRE V.

La persécution.

Cet évêque se laissa bientôt gagner au parti des mécontents, et, abusant de la confiance de son patriarche, il exerça, selon leur bon plaisir, l'autorité vicariale. Sitôt que le patriarche en fut informé, il le fit appeler à Rome et lui substitua un autre évêque suffragant, Mgr Arakial. A son arrivée à Constantinople, il fut accueilli à la vive satisfaction du clergé et du peuple, fidèles à l'autorité légitime. Il publia une lettre pastorale que le patriarche adressait à la communauté, et dans laquelle il recommandait à tous la concorde et l'obéissance. Ce prélat se dévoua avec zèle à l'accomplissement de ses devoirs, s'efforçant surtout, avec l'aide d'ecclésiastiques fidèles, de maintenir les catholiques dans leur soumission au Saint-Siége et à leur légitime patriarche.

Mais les mécontents, résolus de lever publiquement le drapeau de la révolte, ne voulurent reconnaître ni le vicaire ni son patriarche légitime. Ils omirent, dans les offices divins, la commémoraison publique de celui-ci, rejetèrent deux curés légitimes pour leur en substituer d'autres de leur choix, et, s'étant réunis dans leur casino, connu sous le nom de *Laléli,* en assemblée générale, composée des ecclésiastiques et des laïques dissidents, ils publièrent une nouvelle profession de foi arrangée à leur guise, la signèrent tous avec la résolution bien arrêtée de la soutenir jusqu'au bout, à quelque prix que ce fût, et s'unirent à cet effet d'une manière formelle. Ils rejetèrent solennellement la bulle *Reversurus,* qu'ils qualifièrent d'acte abusif de l'autorité pontificale, nièrent au Saint-Siége le droit d'intervenir dans la discipline de l'Église orientale, méconnurent leur légitime patriarche, par la raison qu'il était confirmé par le Saint-Siége d'après les prescriptions de cette bulle. Enfin ils dressèrent un autel dans leur casino de Laléli, où ils célébrèrent solennellement la messe, contrairement aux lois de l'Église. Une fois cet acte de rébellion consommé, ils méprisèrent ouvertement les conseils, les avertissements, les menaces même de censures ecclésiastiques, de suspension et d'interdit dont ils furent enfin frappés par l'autorité légitime.

En présence de troubles aussi sérieux et d'une insubordination aussi formelle, le Saint-Siége, dans le but de rappeler au devoir ces malheureux, envoya à Constantinople Mⁱʳ Pluym, archevêque de Thyane et délégué apostolique. Celui-ci, muni d'opportunes instructions et des facultés nécessaires, employa tous les moyens possibles pour ramener ces esprits égarés à de meilleurs sentiments. Mais les sollicitudes toutes paternelles de ce prélat ne purent rien.

Obstinés dans les résolutions prises et confirmées dans leur assemblée générale, enchaînés par le pacte de coalition, les dissidents couraient rapidement dans la voie du plus déplorable égarement. Non contents d'avoir déclaré publiquement leur opposition à l'autorité ecclésiastique légitime, ils refusèrent même de reconnaître le délégué apostolique, contredisant ainsi la confiance qu'ils avaient montrée plusieurs fois envers ce prélat. Ils en vinrent même à susciter des tumultes jusque dans l'église de Saint-Jean-Chrysostome, où ils abattirent et mirent en pièces le trône du patriarche, au scandale de tous les bons et des hétérodoxes eux-mêmes. Cependant le grand vizir Aali pacha fit justice de ces violences en obli-

geant les dissidents, sur le recours du vicaire Mgr Arakial, à
rétablir le trône à la place du premier, ce qu'ils durent faire
malgré eux.

A la suite d'attentats aussi énormes, le délégué apostolique, voyant que ses conseils et ses menaces étaient méprisés,
se vit obligé à confirmer la sentence de suspension déjà portée contre les ecclésiastiques dissidents par le vicaire patriarcal, et « les déclarer irréguliers *nominatim* ». En même temps
la Sublime-Porte, sous l'impression des calomnies et des réclamations des dissidents, résolut de séparer ceux-ci de la
masse de la communauté arménienne catholique. A cet effet,
elle les reconnut comme une communauté à part, sous le nom
de *catholiques orientaux*, leur donna une chancellerie particu-
lière et leur céda *provisoirement* deux églises appartenant
aux catholiques.

Sur ces entrefaites, le parti dissident vint à être renforcé
par les religieux Antoniens arméniens échappés de Rome
avec leur abbé général Mgr Kasangian. Voici comment cela
arriva. Mgr Kasangian, après avoir loué devant les Pères du
concile du Vatican les dispositions de la bulle *Reversurus,* manifesta peu après, avec une flagrante contradiction, son mécontentement pour les dispositions prises par le Saint-Siége dans
la même bulle, fort en cela du soutien et de l'encouragement
de quelques esprits peu tranquilles. Enfin, après avoir rejeté
la visite apostolique intimée à sa communauté, qui avait participé à son mécontentement pour la bulle *Reversurus,* Mgr Kasangian et les religieux antoniens de sa juridiction s'en-
fuirent de Rome sans aucun égard même pour les devoirs
qui les retenaient au concile. Arrivés à Constantinople, ils
contribuèrent, avec les autres mécontents, à susciter les
plus graves désordres au sein de la communauté, n'hési-
tant même pas à recourir ouvertement au gouvernement,
afin d'obtenir le patronage de son autorité contre les dispositions de l'autorité ecclésiastique légitime. En un mot, ils ne

négligeaient rien pour pousser activement leur opposition et dénigrer la bulle *Reversurus* qu'ils voulaient faire rejeter, s'il était possible, de la communauté tout entière et du gouvernement lui-même, auquel ils insinuaient des dispositions malveillantes par d'insidieuses calomnies et des explications arbitraires de cette même bulle. Soutenus ainsi dans l'esprit de leur opposition contre la légitime autorité ecclésiastique par celui auquel un antique devoir imposait de protéger la cause catholique contre les ennemis de l'Église et auprès des autorités gouvernementales en Orient, ces malheureux obtinrent un appui de plus en plus croissant de la part du gouvernement (1).

Les dissidents de plus en plus enhardis et guidés par les ecclésiastiques de leur parti assaillirent l'hôpital public des infirmes et les églises appartenant aux catholiques dans la capitale et dans les provinces, quoique l'hôpital et quelques églises, défendues courageusement par les catholiques, restassent au pouvoir de ceux-ci.

Cependant, le concile du Vatican ayant été interrompu, le patriarche retourna à Constantinople avec ses évêques suffragants, et fut accueilli par le clergé et le peuple, restés fidèles, avec des démonstrations publiques de joie. M⁶ʳ Hassoun publia aussitôt une lettre pastorale par laquelle il invitait tous les fidèles de son patriarcat à la paix et à la concilia-

---

(1) A la suite de l'appui arbitraire de ce personnage, la communauté arméno-catholique perdit tout espoir de pouvoir trouver en lui une protection au milieu de la persécution intentée contre elle. Les nobles et généreux bienfaiteurs de la nation française n'auraient certainement pas souffert une pareille injustice, eux qui, par leurs faveurs, leurs subsides et par toute sorte d'assistance, avaient toujours coopéré à la prospérité et au prestige de cette Église. C'est grâce à ses nobles bienfaiteurs que ladite Église avait joui jusqu'alors d'un grand honneur, de préférence à toutes les autres communautés de Turquie. Aussi l'Église arménienne catholique, fidèle au Saint-Siége, avait toujours professé envers ces éminents bienfaiteurs des sentiments de la plus vive gratitude et nourrissait l'espérance que des circonstances favorables faciliteraient leur œuvre protectrice.

tion. Mais cette mesure de douceur fut inutile. Pour toute réponse, les évêques dissidents officièrent solennellement dans les églises, qu'ils avaient déjà obtenues provisoirement du gouvernement, violant ainsi les canons ecclésiastiques et se rendant coupables d'horribles sacriléges.

En présence d'aussi graves scandales donnés par les évêques et les ecclésiastiques infidèles à leur devoir, à des populations si diverses par leurs nationalités et leurs croyances, le Saint-Siége, ayant déjà épuisé toutes les mesures répressives et charitables, employées à plusieurs reprises, pour que les dissidents vinssent à résipiscence, et voyant qu'ils s'étaient refusés à signer la profession de foi qu'il leur proposait par l'intermédiaire de son délégué apostolique, se vit enfin contraint, pour préserver le reste des fidèles de la contagion du schisme, de déclarer les ecclésiastiques dissidents, par l'entremise de son délégué, *formellement schismatiques, expulsés du sein de l'Église catholique et excommuniés.*

Ces ecclésiastiques, qui avaient dirigé et consommé le schisme, étaient les quatre évêques: Kalybgian, d'Amasie; Bahdiarian, de Diarbékir; Gasparian, de Chypre; Kasangian, d'Antioche, ex-abbé général des antoniens; et deux corporations religieuses, celle de la congrégation méchitariste de Venise et celle des antoniens, comme aussi quelques membres du clergé séculier, ainsi qu'il appert de la note du délégué apostolique.

Mgr Hassoun déclara à son tour au grand vizir Aali pacha, par une note officielle, que les dissidents avaient été suspendus, déclarés excommuniés et formellement schismatiques et expulsés de l'Église catholique par décret du Saint-Siége, et que partant ils n'appartenaient plus à la communauté et Église catholiques. Le ministre ne cacha pas le mécontentement qu'il éprouvait pour cette mesure, qui lui semblait trop rigoureuse envers les dissidents.

Ceux-ci, rendus de la sorte de plus en plus hardis, insistèrent auprès du gouvernement, afin qu'il éloignât de Constantinople le patriarche, auquel ils faisaient un crime d'être le principal défenseur de la bulle *Reversurus*. En effet, le gouvernement, qui considérait déjà la bulle comme attentatoire à ses droits territoriaux, décida d'éloigner le prélat et lui communiqua enfin sa résolution.

Cependant le patriarche déclara à son tour qu'il ne pouvait abandonner ses fidèles à la merci des intentions sinistres d'une poignée de révoltés, ennemis jurés de la religion catholique; que d'ailleurs, si le gouvernement avait des griefs contre lui, il pouvait, dans la limite de son autorité civile, en requérir un acte de justification. Le gouvernement, ne pouvant contraindre le patriarche de partir sans forme de procès ou sans aucun ordre coercitif, se limita d'abord à révoquer son bérat et à déclarer que la Porte-Ottomane ne pouvait désormais reconnaître officiellement son caractère, ni admettre ses relations officielles. Le prélat, après avoir fait au ministre ottoman ses observations au sujet d'une détermination aussi arbitraire, se borna à exercer son autorité spirituelle de patriarche en engageant le conseil laïque de sa communauté catholique à s'occuper des relations des affaires ecclésiastiques civiles avec la Sublime-Porte.

Favorisés de cette manière, les dissidents s'arrogèrent la plus ample licence contre l'autorité légitime du patriarche et contre sa juridiction ordinaire. Ils ne rougirent même pas d'exercer librement et sacrilégement, en dépit des sacrés canons, le saint ministère. Les évêques dissidents et leurs adhérents projetèrent d'élire un antipatriarche, et, pour présenter au public ce nouvel attentat sous un aspect favorable, ils avancèrent que l'élection de M⁅ᵉʳ⁆ Hassoun n'avait pas été libre et que, dans tous les cas, le patriarcat ne lui avait été accordé qu'à des conditions qu'il avait déjà violées. La meilleure réfutation de ces accusations est dans l'exposé véridique des faits que voici.

4

Quant à l'élection de Mgr Hassoun au siége patriarcal, voici ce qui arriva.

Depuis la mort du patriarche Pierre VIII jusqu'à l'élection de son successeur Pierre IX, il s'était écoulé environ huit mois, contrairement à l'usage suivi jusqu'alors, et d'après lequel les évêques suffragants se réunissaient en synode aussitôt après la mort du patriarche pour lui désigner un successeur. Or quelques dissidents ont accusé en cette occasion le Saint-Siége d'avoir empêché les évêques de procéder à l'élection, afin de pouvoir les induire à élire Mgr Hassoun.

Cette accusation tombe d'elle-même, si l'on considère que le Saint-Siége, connaissant le désir de la nation de réunir les deux siéges de Constantinople et de Cilicie, s'abstint de toute ingérence qui aurait pu influencer les décisions du synode. A cet effet, il avait donné ordre au prodélégué apostolique de Sorie, Mgr Valerga, de se garder scrupuleusement de tout acte d'influence dans le synode, laissant le résultat de l'élection au choix et à la liberté des évêques, et se bornant simplement à leur recommander d'élire un sujet capable de remplir dignement les difficiles fonctions de patriarche pour le bien de l'Église arménienne catholique.

Mais il arriva qu'à la mort du patriarche Pierre VIII, Mgr Gasparian, déjà vicaire du défunt patriarche, devant s'occuper, selon les antiques règlements et la discipline de l'Église orientale, de l'administration du siége patriarcal à titre de vicaire (charge qui devait durer jusqu'à la réunion du synode), il s'éleva des dissensions au sujet de cette charge vicariale. Quelques ecclésiastiques, s'appuyant sur certains règlements capitulaires mal précis, prétendirent que le prêtre Tavitian devait remplir les fonctions de vicaire. Celui-ci, fort de l'appui de ses adhérents, ne voulait point céder l'administration à Gasparian, malgré les remontrances de ce dernier. De cette opposition, il naquit des dissensions, des troubles, des recours au Saint-Siége et à l'autorité gouvernementale, à tel point que le gouverneur du Liban crut devoir intervenir et obliger le prêtre Tavitian à se retirer et à céder l'administration à Gasparian. De son côté, le Saint-Siége dut intervenir dans cette question, par l'intermédiaire de son pro-délégué de Sorie, afin d'empêcher de plus graves dissensions et de régler l'affaire : il disposa donc que la charge vicariale serait remplie par l'archevêque de Merdin, M⁰ʳ Nazarian, un des évêques les plus prudents et les plus estimés du patriarcat de Cilicie.

C'est donc à leurs intrigues que Tavitian et Gasparian, alors si hostiles et aujourd'hui si étroitement unis dans leur rébellion et leur schisme, doivent attribuer le retard apporté dans l'élection du patriarche, retard où le Saint-Siége n'a aucune part, attendu qu'il s'est efforcé, au contraire, d'intervenir et de rétablir le calme, et de ramener les choses à leur état normal, afin de pouvoir ensuite procéder à l'élection avec toutes les garanties, ainsi qu'il arriva effectivement. Bien plus, M⁰ʳ Valerga a attesté, à propos de cette élection, que pendant les trente années de sa mission en Orient, il n'avait jamais vu une élection aussi spontanée et unanime, et accomplie avec une aussi grande tranquilité que celle-là. Les évêques électeurs eux-mêmes ont rendu ce témoignage par les paroles suivantes contenues dans l'acte d'élection adressé par eux au Saint-Siége : « Après mûre délibération, disent-« ils dans cet acte, et de notre libre volonté, nous avons élu « canoniquement patriarche de Cilicie le très-illustre et très-« révérend seigneur Antoine Hassoun, primat de Constanti-« nople.

Quant à la seconde accusation, c'est-à-dire celle de la pré-tendue condition imposée par le synode lors de l'élection de M⁰ʳ Hassoun, voici le véritable état des choses :

Lorsque, le 14 septembre 1866, les évêques de Cilicie élurent pour patriarche de Cilicie M⁰ʳ Hassoun, après avoir rédigé et signé l'acte formel d'élection, ils le remirent au Saint-

Siége avec une autre lettre en date du 15 septembre, c'est-à-dire le lendemain de l'élection. Dans cette lettre, les prélats disaient : « Après de ferventes prières et la célébration du di-« vin sacrifice, dont nous nous sommes acquittés avec notre « clergé, afin d'obtenir les lumières de la grâce divine, nous « avons, de notre propre mouvement et d'un commun accord, « élu et proclamé le R. P. D. Antoine Hassoun, archevêque « primat de Constantinople, en lui assignant le nom de « Pierre IX, patriarche de Cilicie et successeur des droits et « priviléges de feu notre très-honoré patriarche. »

Quelques-uns ont voulu prétendre que ces dernières expressions de la lettre donnaient à entendre que ces évêques avaient fait une élection conditionnelle de Mgr Hassoun en exigeant le maintien des antiques droits des patriarches de Cilicie par ces paroles : *Successeur des droits et priviléges de feu notre très-honoré patriarche*. Or, de cette prétendue condition, les dissidents ont voulu déduire que, comme elle n'avait point été remplie et observée (parce que le Saint-Siége avait supprimé les priviléges du patriarche d'élire et de confirmer leurs évêques suffragants), en conséquence, l'élection de Mgr Hassoun était nulle et, par suite, le siége patriarcal de Cilicie restait vacant, et les évêques électeurs étaient libres et autorisés à procéder à une autre élection.

Pour mettre en relief la futilité de cette objection, il suffit d'observer seulement que les évêques de Cilicie n'avaient jamais mis cette clause comme condition à l'élection opérée par eux, puisqu'ils savaient bien qu'une telle élection aurait été anticanonique ; ils avaient tout simplement manifesté par là leur désir à ce sujet, le soumettant en même temps au bon plaisir du Saint-Siége. En effet, dans l'acte formel de cette élection, qui fut rédigé et signé le jour même et avant la clôture du synode par tous les évêques électeurs et même par ceux-là qui se trouvent actuellement à la tête des néo-schismatiques, il n'est fait aucune mention de cette clause. On ne trouve pas dans cet acte de paroles plus expresses que celles-ci : « Après mûre délibération et de notre libre vo- « lonté, nous avons élu canoniquement patriarche de Cilicie « le très-illustre et très-révérend seigneur Antoine Hassoun, « primat de Constantinople, en lui donnant le nom de « Pierre IX, comme successeur de Grégoire-Pierre VIII, « d'heureuse mémoire. » — Il s'ensuit donc que l'élection n'a pas été faite sous condition, et qu'elle n'a eu d'autre but que de donner un successeur à Pierre XIII. Si les évêques avaient eu l'intention de poser une pareille condition à cette élection, ils n'auraient point différé à un autre jour pour la faire observer; ils l'auraient insérée clairement dans l'acte formel de l'élection, acte qui, ainsi que nous l'avons vu plus haut, a été signé séance tenante et immédiatement après l'é-lection.

En outre, à peine la confirmation du Saint-Siége fut-elle accordée à M⁰ʳ Hassoun que tous les évêques s'empressèrent de le reconnaître pour leur légitime patriarche, et de se ren-dre, sur son invitation, au synode national, où ils traitèrent de graves questions pour le bien de l'Église arménienne ca-tholique. Or, en cette occasion solennelle, M⁰ʳ Hassoun agit et fut reconnu comme légitime président du synode, et il n'y fut point question de la prétendue nullité et condition impo-sée à l'élection du patriarche, pas même de la part des évê-ques qui tombèrent plus tard dans le schisme.

Pour confirmer ceci, il suffira de citer les paroles em-ployées à ce sujet par ces mêmes évêques dans une déclara-tion collective faite le 5 octobre 1869, et signée encore par ceux mêmes qui se trouvent actuellement parmi les néo-schis-matiques. Dans cette déclaration, les évêques disaient expres-sément que « leur intention n'avait jamais été de faire une « élection conditionnelle par ces mots : *successeur des droits* « *et priviléges de Grégoire-Pierre VIII*, attendu qu'il eût été « anticanonique de faire une élection pareille, et qu'ainsi

« cette intention leur est prêtée gratuitement par les jour-
« naux des dissidents.

Personne ne pouvait démentir avec plus de droit de pa-
reilles insinuations que les électeurs eux-mêmes.

Ainsi, sans avoir égard à la futilité de leurs objections contre
l'élection de M⁰ʳ Hassoun et à la contradiction de leurs actes,
les évêques dissidents avec leurs adhérents proclamèrent solennellement la vacance du siége patriarcal, auquel ils élevè-
rent, dans un autre conciliablule tenu au mois de février
1871, un antipatriarche dans la personne de Bahdiarian,
évêque de Diarbékir; et, bien que celui-ci ne fût pas reconnu
par le gouvernement, ils n'en avaient pas moins consommé
leur schisme à l'égard de l'Église et du monde entier.

M⁰ʳ Hassoun opposa à ce nouvel acte de félonie ecclésiastique un décret qu'il fit publier dans toutes ses églises, et par
lequel il déclara que tous les actes de ce conciliabule, et nom-
mément que l'élection de Bahdiarian, étaient nuls, sacriléges
et attentatoires aux canons de l'Église, et que l'antipatriarche
Bahdiarian, avec les trois évêques, ses électeurs, Calybgian,
Gasparian et Kasangian, et avec leurs fauteurs, avaient encouru les censures ecclésiastiques.

Malgré tout cela, ces évêques osèrent consacrer sacrilégement d'autres évêques : Joseph Kiupélian, Amberboyan,
Théodosian et Favitian; ils assaillirent de vive force une autre
église appartenant aux catholiques, située dans la capitale de
l'empire ottoman, bien qu'un ordre du gouvernement pour
en empêcher l'entrée aux néo-schismatiques se trouvât affiché
sur la porte du même temple; et, pour tout dire, ils molestè-
rent et opprimèrent de toutes les manières possibles leurs
confrères demeurés fidèles dans la foi orthodoxe.

Puis, comme ils persistaient à vouloir retenir pour valide
l'élection de l'antipatriarche et à usurper le nom de catholiques, prétendant appartenir à la véritable Église, le Souverain-Pontife, par une lettre apostolique *Ubi prima*, en date

du 11 mars 1871, après avoir fait mention de la sentence d'excommunication lancée par son ordre contre les ecclésiastiques dissidents (par l'intermédiaire de son délégué apostolique), déclara que le pseudo-patriarche et ses électeurs avaient encouru les censures ecclésiastiques. Voici le passage de la lettre apostolique où il est fait mention des censures : « Nous « statuons et déclarons par Notre autorité apostolique que « le susdit conciliabule et l'élection qui y a été faite d'un pa- « triarche en la personne de Jacques Bahthiarian est illégi- « time, schismatique et complétement nulle; que ce dernier « ne jouit d'aucune juridiction ecclésiastique et spirituelle ; « qu'en outre ledit Jacques et ses électeurs ont encouru les « peines infligées par les saints canons à ceux qui osent ac- « complir de tels actes. Nous ordonnons en outre au même « Jacques, sous la menace du jugement divin, de ne point « oser usurper le prétendu titre de patriarche qui lui a été « décerné témérairement et sans aucun droit par les schis- « matiques, ni d'accomplir aucun acte en vertu de ce nom. « Quant à ce que les réfractaires ont osé proclamer dans ledit « conciliabule contre le Vén. Fr. Antoine-Pierre IX Hassoun, « Nous le déclarons pareillement de nulle valeur et le pros- « crivons comme un acte schismatique, et nous retenons et « confirmons que ledit Vén. Fr. Antoine-Pierre est le seul « vrai, légitime patriarche arménien de Cilicie. »

Sur ces entrefaites, et dans le but d'empêcher la réalisation des maux plus graves que la marche des événements faisait craindre, comme aussi pour dissiper les sinistres impressions que les néo-schismatiques ne cessaient d'insinuer avec une persistance toujours croissante dans l'esprit des ministres ottomans au sujet de la bulle *Reversurus*, le Saint-Siége, après avoir formellement interpellé le grand vizir Aali pacha, et s'être assuré que le gouvernement ottoman accueillerait favorablement un représentant extraordinaire du Saint-Siége pour traiter la question arménienne, envoya à Constantinople, au mois d'avril 1871, M#gr# Alexandre Franchi, archevêque de Thessalonique et nonce apostolique d'Espagne, en qualité d'ambassadeur extraordinaire. Ce prélat fut accueilli par S. M. le Sultan et son gouvernement avec tous les égards dus à sa haute mission.

Dans la conférence qu'il eut avec le grand vizir Aali pacha, il résolut, grâce à sa prudence et à sa sagesse, les difficultés suscitées au sujet des dispositions de la bulle *Reversurus*.

M#gr# Franchi assura le ministre ottoman que la bulle était une constitution purement ecclésiastique concernant l'administration intérieure spirituelle de l'Église arménienne, et n'ayant trait ni aux rapports civils de la communauté avec le gouvernement, ni aux droits de ce dernier, que le Saint-Siége n'avait jamais eu l'intention de léser ni en Turquie ni ailleurs, attendu que la religion catholique inculque aux fidèles comme maxime et principe inviolable le respect à l'autorité légitime.

M#gr# Franchi expliqua clairement la question de l'élection des évêques et celle de l'administration des biens ecclésiastiques, deux points essentiels au sujet desquels les dissidents avaient suscité des difficultés.

Il est utile, croyons-nous, d'examiner ces deux questions capitales d'après les explications que M#gr# Franchi donna lui-même à Aali pacha.

Pour ce qui regarde les élections des évêques et du patriarche, il faut observer avant tout que les dispositions de la bulle, ainsi que nous l'avons déjà fait observer, n'avaient point changé l'antique système d'élection des patriarches, et que la prescription de ne célébrer la cérémonie d'intronisation et de n'attribuer de juridiction au patriarche qu'après sa confirmation par le Souverain-Pontife, était déjà comprise *ab antiquo* dans le droit ecclésiastique universel, et formait plutôt une précaution légale, afin qu'échéant le cas de vice canonique dans l'élection du patriarche, il fût possible d'y porter remède sans donner lieu à de plus graves inconvénients.

Quant au système d'élection des évêques, la bulle n'enlevait nullement au clergé et au peuple la part qu'ils pouvaient prendre en présentant au synode épiscopal du patriarche la liste de leurs candidats; que si le Saint-Siége avait exigé du synode la présentation des trois candidats choisis sur la liste présentée par le clergé et le peuple, il y avait été amené par de graves motifs et afin de sauvegarder, dans l'intérêt des fidèles, la régularité des élections épiscopales; du reste, cette mesure n'offensait en rien la susceptibilité du gouvernement, puisqu'elle n'avait d'autre but que de garantir la paix et la tranquillité de la communauté; enfin, la part prise par le Saint-Siége à ces élections avait lieu sur la présentation des candidats du synode épiscopal, ce qui revenait à une coopération du Saint-Siége avec le synode pour assurer le bon résultat de l'élection.

Venant ensuite à la faculté que s'était réservée le Saint-Siége de choisir, en cas de besoin, le nouvel évêque en dehors des trois noms proposés par le synode, M⁸ʳ Franchi fit observer que cette réserve constituait une question de principe imprescriptible de la suprématie du Saint-Siége, qui, cependant, n'en faisait usage que dans les cas extrêmes. Cette réserve avait en outre l'avantage d'exciter le synode épiscopal à faire un choix de sujets acceptables. Et, en effet, il rappela que lors du primatiat de Constantinople, la présentation au Saint-Siége de trois candidats (usage alors en vigueur d'après la loi électorale du *Licet,* citée plus haut) fut faite de manière que le Saint-Siége choisissait le candidat parmi les sujets présentés par le synode.

Quant à la question des biens ecclésiastiques, M⁸ʳ Franchi fit observer que leur administration était toute entre les mains du patriarche et des évêques sans que le Saint-Siége entendît y avoir la moindre part. Et, en effet, toutes les prescriptions de la bulle sur la gestion des biens ecclésiastiques se réduisaient à une mesure préventive pour en empêcher l'aliénation, et cela dans le but de seconder les intentions des bienfaiteurs. Du reste, cette mesure était conforme aux lois décrétées par le gouvernement ottoman lui-même, sur l'administration des legs pieux.

Sur ces explications et ces assurances données par M⁛ Franchi au nom du Saint-Siége, Aali pacha était déjà disposé à ratifier les négociations, ainsi qu'il appert du mémoire de l'envoyé pontifical. Mais la mort d'Aali pacha vint empêcher la réalisation de ce résultat.

Mahmoud pacha, appelé à remplacer Aali pacha, manifesta, aussitôt après sa nomination, l'intention de ne vouloir point ratifier les négociations qui avaient eu lieu avec l'envoyé du Saint-Siége, et, par une lettre du ministre des affaires étrangères, Server pacha, adressée à M⁛ Franchi, en date du 27 septembre 1871, il déclara que, conformément aux traités et à la politique traditionnelle de l'empire, il ne pensait point se mêler des questions religieuses, mais qu'il remettait la gestion spirituelle des communautés à ces communautés elles-mêmes et à leurs Églises. Mais, comme la Sublime-Porte avait déjà dénoncé le caractère officiel de M⁛ Hassoun en qualité de patriarche légitime, précisément parce que ce dernier exerçait son autorité patriarcale en vertu de la bulle *Reversurus,* que le gouvernement soutenait être attentatoire aux droits du sultan, et que, malgré cela, le patriarche ne cessait point de soutenir, par là même le patriarche avait perdu le droit de correspondre officiellement avec la Sublime-Porte pour l'expédition des affaires relatives à l'exercice du culte catholique; aussi M⁛ Franchi insistait-il auprès du gouvernement pour obtenir la reconnaissance de l'Église et de la communauté arménienne catholique.

Dans cette extrémité, le ministre promit à M⁛ Franchi

qu'il ne tarderait point de régler la situation de la communauté arménienne catholique. Le Sultan, à son tour, adressa au Pape une lettre autographe pour le rassurer sur les intentions de sa plus sincère et plus cordiale amitié. Ainsi donc Mgr Franchi ne quitta Constantinople que sur l'assurance officielle de voir la communauté catholique rétablie au plus tôt dans sa primitive existence légale.

Quelle déception amère ! La communauté catholique ne cessa point de gémir sous le poids d'une situation anormale qui devenait d'autant plus insupportable qu'elle traînait en longueur. Aussi la communauté adressa-t-elle plusieurs réclamations à la Porte-Ottomane, pour en implorer justice. Elle se déclarait en même temps prête à présenter au gouvernement les garanties nécessaires sur les points de la bulle, au sujet desquels le gouvernement ne cessait de témoigner de l'appréhension. Mais tout fut inutile, car l'intention du grand vizir Mahmoud pacha était bien loin d'en venir à une réhabilitation de la communauté arméno-catholique.

En effet, sur ces entrefaites, ce ministre autorisait Gasparian, l'un des évêques dissidents, à occuper le couvent de Bzommar, au mont Liban, séminaire et résidence de la communauté de Bzommar, qui, à l'exception de six à sept de ses membres, déjà sortis du couvent et déclarés schismatiques, restait tout entière fidèle au chef du catholicisme et, par suite, répudiait Gasparian. Cependant celui-ci, à l'aide de la force armée, fournie par le gouverneur, envahit ledit couvent, s'empara de l'église intérieure, s'appropria les biens appartenant au couvent, et tout cela en vertu des pouvoirs obtenus par le gouvernement, qui le laissait exercer impunément des violences sans nombre contre la communauté. Ainsi le droit et l'existence du culte catholique étaient foulés aux pieds, la constitution d'une communauté religieuse n'était point respectée, on imposait par la force à un monastère catholique un supérieur excommunié et schismatique, et le *règle-*

ment même dit *du Liban* qui, conclu avec les puissances européennes après le massacre de la Syrie, couvrait le couvent de sa protection, était violé.

Sur ces entrefaites, Argian, méchitariste de Venise, qui était un des fauteurs du schisme, arrivait à Trébizonde, où, s'étant fait quelques prosélytes, il assaillit l'église des catholiques de cette même ville, y pénétra en compagnie de ses prosélytes, gens sans aveu pour la plupart et appartenant à des nations et à des religions diverses. C'est en cette occasion que ces malheureux malmenèrent cruellement l'évêque octogénaire en le traînant sur les dalles de l'église et en lui arrachant de la poitrine la croix épiscopale, qu'ils mirent en pièces dans l'église même !! le tout sous la sauvegarde de la plus complète impunité.

Ces sortes d'agressions se répétèrent bientôt avec une audace toujours nouvelle ; et sans le courage des hommes et des femmes catholiques, qui se rangeaient en bataillons devant les portes de l'unique temple qu'ils avaient, et dont la Porte-Ottomane ordonnait par dépêche l'occupation de la part des dissidents, cette église de Trébizonde serait aussi tombée entre leurs mains. Cependant l'évêque de Trébizonde, grandement inquiet en présence des menaces impunies des dissidents et de leurs agressions soudoyées, crut devoir fermer ladite église pour éviter d'ultérieures profanations. Ainsi les Arméniens catholiques de cette ville se trouvent aujourd'hui privés de l'unique sanctuaire qu'ils avaient : chose qui ne s'est jamais vue au milieu même des troubles les plus graves qui ont agité la Turquie.

Peu après, l'ecclésiastique excommunié Stepanian, avec un autre prêtre schismatique, se rendit, par ordre du grand vizir, à Kilis, pays dans la province d'Alep ; et quoique dans le sein de la population arménienne catholique de cette ville ils n'eussent aucun adhérent, à l'exception de deux frères de Stephanian, toutefois ils assaillirent l'église et, après en avoir enfoncé les portes avec l'appui de huit soldats de l'autorité locale et avec le concours d'une multitude d'Arméniens grégoriens du bas peuple, ils profanèrent le sanctuaire par toute sorte de sacriléges, tandis que le gouverneur d'Alep, prévenu de ce scandale, laissait libre cours aux actes de violence des excommuniés et ne leur infligeait aucun châtiment. C'est ainsi que, dans cette ville encore, le culte de la religion catholique fut contraint de cesser.

Pareillement un méchitariste de Venise, Alexis, tenta de gagner secrètement au parti néo-schismatique de Constantinople quelques catholiques de Merdin. L'évêque de cette ville, Mgr Nazarian, ayant aussitôt connu les menées du religieux, réussit d'abord à l'induire à résipiscence ; mais bientôt après, et malgré la rétractation et la profession solennellement émises en cette occasion, Alexis, fort des ordres officiels reçus de Constantinople, se déclara ouvertement schismatique et en vint, avec l'aide du gouverneur de Merdin, à molester l'évêque de cette ville, puis tenta de s'emparer de l'église catholique, ce qui lui aurait réussi si la population catholique ne s'y était courageusement opposée.

Il en fut de même à Somsoun, où un religieux antonien excommunié, Lékégi, envoyé officiellement de Constantinople, assaillit, avec l'aide d'une famille influente de Somsoun, l'église de cette ville, où il officia sacrilégement malgré les réclamations des catholiques.

A Diarbékir aussi, deux ecclésiastiques, d'après les ordres de Constantinople, où se trouvait l'évêque de Diarbékir, tombé dans le schisme, assaillirent et occupèrent, avec l'aide de l'autorité locale et l'appui de quelques personnes du peuple, l'église catholique, malgré les réclamations et les protestations de la majorité du clergé et du peuple restés fidèles. Ceux-ci donnèrent en cette circonstance une preuve éclatante de leur fermeté dans la foi, attendu que, loin de se laisser entraîner par l'exemple de leur pasteur, ils lui avaient adressé, avant même qu'il s'emparât de l'église catholique, une lettre énergique dans laquelle ils lui reprochaient, quoique avec respect, les contradictions dans lesquelles il était tombé, lui qui, quelques années auparavant, avait recommandé publiquement l'obéissance aux ordres du Souverain-Pontife, les engageant à rester fermes dans l'unité catholique.

Tandis que ces attaques publiques et officielles contre le libre exercice du culte catholique avaient lieu dans les provinces; dans la capitale, le grand vizir Mahmoud pacha, sans tenir compte de l'opposition des dissidents envers la légitime autorité ecclésiastique, ni même de la différence dogmatique qui les séparait de l'Église catholique, persistait à les reconnaître comme catholiques, et regardait, au contraire, la communauté arménienne catholique d'un œil défavorable, parce que celle-ci ne voulait point dénoncer et rejeter la bulle *Reversurus*, comme l'avaient fait les dissidents; et cela malgré les déclarations et les garanties solennelles données par Mᵍʳ Franchi au nom du Saint-Siége, et que la communauté catholique, par l'entremise de députations spéciales, avait aussi répétées au gouvernement sur tous les points de la bulle que la Sublime-Porte croyait attentatoires aux droits souverains.

En même temps, le grand vizir, croyant trouver dans l'é-lection d'un patriarche, représentant officiel, un point de ralliement entre les catholiques et les néo-schismatiques, insistait auprès des deux partis pour en venir à l'élection collective d'un nouveau patriarche. Un ordre conçu en ce sens fut communiqué, le 10 mai de la même année 1872, aux notables des deux partis. Mais, comme les notables des dissidents s'obstinaient à vouloir présenter au nombre des candidats au patriarcat catholique même des ecclésiastiques *excommuniés* et déclarés *schismatiques*, l'entente devenait impossible. Par suite, la communauté arménienne catholique, conformément à la teneur dudit ordre du gouvernement, qui parlait du patriarcat institué à Constantinople, c'est-à-dire du *patriarcat civil* et non pas spirituel de Cilicie, jugea bon de procéder à l'élection d'un chef représentant dit *patriarche civil* qui fût l'organe officiel entre elle et la Porte Ottomane.

La communauté catholique procéda à cette élection suivant ses antiques us et coutumes et d'après les règlements qui exigeaient, comme condition principale, que le candidat proposé pour remplir l'office de patriarche civil n'eût point encouru de peines ecclésiastiques; c'est ainsi qu'on élut à l'unanimité des voix Mgr Filkian, évêque arménien catholique de Brousse. Le rapport d'usage fut aussitôt rédigé et couvert par plus de deux mille signatures, et une députation spéciale, composée de prélats, de prêtres et des notables laïques, le présenta le 18 mai 1872 à Mahmoud pacha.

Celui-ci refusa de l'accepter sous prétexte que c'était le résultat d'une élection qu'il appelait partielle, et il leur intima de se réunir au lycée impérial pour faire une élection collective d'un patriarche *catholique*, pris indistinctement parmi le clergé catholique ou bien le clergé déclaré *schismatique*, et cela avec le concours des laïques et des ecclésiastiques excommuniés et schismatiques. Le grand vizir ajoutait que, pour être éligible, il fallait le pur et absolu rejet de la bulle *Reversurus*, et non pas de simples déclarations que la députation s'offrait à donner, y ajoutant encore toutes les assurances possibles autant que les rapports extérieurs de la bulle pouvaient regarder le gouvernement impérial. L'une et l'autre des propositions du grand vizir étant inadmissibles pour tout catholique, il en résulta que le lendemain pas un membre de la communauté arménienne catholique ne prit part à l'élection du lycée impérial, ainsi que la députation catholique en avait prévenu le grand vizir.

Bien plus, trois notables catholiques, employés du gouvernement et sollicités, en cette qualité, par le grand vizir, à prendre part à l'élection, se rendirent au lycée impérial, tandis qu'on procédait à l'élection, et, là, ils déclarèrent, devant toute l'assemblée des dissidents et en présence du commissaire impérial, qu'ils ne pouvaient concourir à une pareille élection, puis ils rédigèrent et signèrent, sur la demande du commissaire, leur protestation dans ce sens et quittèrent aussitôt l'assemblée.

Cependant les dissidents élurent, avec le titre de *patriarche catholique,* le 19 dudit mois de mai, Ohan Kiupélian, prêtre déjà excommunié et quelques semaines auparavant consacré sacrilégement évêque par les autres évêques schismatiques.

Cette élection était faite par une faction de 1150 électeurs, parmi lesquels se trouvaient plusieurs Grecs et Arméniens grégoriens, comme il serait aisé de le démontrer si les dissidents voulaient publier la liste de ces 1150 électeurs. Aussitôt élu, Ohan Kiupélian dénonça et rejeta solennellement dans cette même assemblée la bulle *Reversurus.* Le chancelier du divan impérial, commissaire de la Porte-Ottomane, qui, en sa qualité de délégué officiel, se trouvait présent, en prit acte, et ledit Kiupélian y apposa sa signature.

Le grand vizir crut pouvoir alors confirmer et ratifier cette élection, bien qu'elle ne fût que partielle et opérée par la moitié moins d'électeurs qu'avait eus pour lui Mgr Filkian. En outre, et comme si les électeurs et l'élu n'avaient pas été frappés de censures ecclésiastiques et notoirement expulsés du sein de l'Église catholique, Mahmoud pacha n'hésita point d'accorder au patriarche néo-schismatique le titre de *patriarche catholique* avec le sceau relatif, puis il le fit présenter au Sultan comme tel, et à cette occasion Ohan Kiupélian osa, dans le discours officiel, s'appeler encore *chef spirituel de la communauté arménienne catholique.*

Cependant, le lendemain de l'élection de Kiupélian, la communauté arménienne catholique présenta à la Porte-Otto-

mane une respectueuse pétition dans laquelle elle déclarait
ne pouvoir reconnaître Kiupélian pour *patriarche catholique*,
ni avoir avec lui aucune communication soit ecclésiastique,
soit même communale.

Sur ce, les notables arméniens catholiques furent accusés
par Mahmoud pacha d'être les fauteurs d'une pareille protestation, si naturelle d'abord pour tout catholique. En même
temps on retirait à la communauté, demeurée fidèle, le sceau
de la chancellerie, l'unique et le dernier moyen d'existence
qui restât à l'Église et à la communauté arménienne catholique depuis qu'on avait méconnu tout caractère officiel dans
son légitime patriarche, Mgr Hassoun. De cette sorte, l'Église
et la communauté arménienne catholique étaient supprimées
de fait et remplacées par un patriarcat et par une communu-
nauté arménienne schismatique qui, dans la capitale et dans
les provinces, comptait à peine de mille cinq cents à deux mille
adhérents, à la tête desquels se trouvaient quatre évêques,
environ cinquante religieux et ecclésiastiques, tandis que la
communauté arménienne catholique comptait dans la seule
capitale de l'empire de seize à dix-huit mille âmes dirigées
par plus de cinquante religieux et ecclésiastiques, tous étroitement unis à leur patriarche. De plus les catholiques demeurés fidèles s'élevaient dans tout le patriarcat à plus de
quatre-vingt mille et ils étaient dirigés par plus de trois
cent cinquante ecclésiastiques, par onze archevêques et
évêques suffragants tous fidèles et obéissants à leur légitime
patriarche et au Souverain-Pontife. Cette communauté pria
plusieurs fois, mais en vain, le grand vizir de constater ce
point de majorité et de minorité par les documents statisti-
ques.

Comme on l'a mentionné plus haut, à la suite de la dénonciation du sceau de la chancellerie arménienne catholique, la
vie religieuse et civile des Arméniens catholiques venait de
cesser. Les tribunaux, sur l'ordre exprès de Mahmoud pacha,

les obligeaient de se rendre au patriarcat de Kiupélian pour prêter le serment requis dans les procès légaux. De même et sous peine d'être considérés comme rebelles à l'autorité du gouvernement, on leur imposait de se pourvoir du certificat de leur qualité de sujets ottomans et de CATHOLIQUES dans ledit patriarcat, certificat nécessaire en Turquie pour accomplir les actes d'achat et de vente, pour voyager, entrer dans une corporation d'artisans et, en un mot, pour tous les actes relatifs à la vie civile. En résumé, la communauté arménienne catholique s'est trouvée ainsi dans la pénible alternative ou de désobéir à son propre gouvernement ou de fouler aux pieds les lois de la conscience.

Il est superflu de tracer ici le tableau de la triste situation que le gouvernement créait par là à une communauté de quatre vingt mille de ses plus fidèles sujets et des graves dommages qui en provenaient pour les intérêts de chacun d'eux. Ce procédé n'était autre qu'une pression matérielle et morale pour amener la communauté en masse ou partiellement à renoncer à sa croyance en se soumettant et en acceptant comme *catholique* un patriarche qu'elle ne pouvait considérer comme tel, et en demandant le certificat de sa qualité de *catholique* à une chancellerie, dont le patriarche président était hors de l'Église catholique et hostile au catholicisme.

Cet état de choses devenait de plus en plus violent, et les catholiques étaient en proie à des vexations de plus en plus cruelles.

Malgré cette pression du gouvernement et tous les dommages qu'avaient à essuyer les catholiques, il s'en est trouvé à peine cinq ou six qui se sont montrés faibles dans la foi, en acquiesçant aux prétentions des schismatiques, et encore y étaient-ils induits par des motifs de grave intérêt personnel.

Par contre, plusieurs dissidents, d'abord entraînés dans le schisme, se convertirent, surtout à l'article de la mort.

Le gouvernement, pressé par les observations et par les plaintes de quelque légation européenne, sembla un moment vouloir apporter un remède à cette situation anormale. C'est pourquoi Mahmoud pacha demanda de la communauté catholique une déclaration plus explicite sur la bulle *Reversurus*, afin qu'on pût venir par là à je ne sais quel arrangement de l'état violent dans lequel se trouvaient la communauté et l'Église catholique. C'est du moins ce que donnait à entendre le grand vizir.

D'après un examen mûr et attentif de la proposition, la communauté arménienne catholique présenta au grand vizir une déclaration dans laquelle, tout en sauvegardant le caractère spirituel et ecclésiastique de la bulle, elle déclarait que, pour ce qui concernait ses rapports avec le gouvernement, il était de son devoir d'en exécuter les ordres en tant que ceux-ci resteraient dans la sphère des attributions du gouvernement.

Le grand vizir témoigna de sa satisfaction pour la déclaration reçue, et la communauté s'était, de la sorte, pleinement acquittée de son devoir vis-à-vis du gouvernement. D'après cette nouvelle déclaration, la bulle *Reversurus* ne devait plus rien avoir d'alarmant pour le gouvernement; et la communauté attendait anxieusement et comme de droit le moment où elle serait réhabilitée non-seulement dans ses droits religieux-civils, mais encore dans ses droits politiques, c'est-à-dire la sûreté de son existence communale et le rétablissement de ses relations officielles avec la Sublime-Porte, conformément à la teneur du hatti-humayoun de 1855. En effet, comme le gouvernement n'avait eu à exprimer aucune plainte au sujet de la communauté arménienne catholique jusqu'à la publication de la bulle *Reversurus*, et puisque le caractère officiel de Mgr Hassoun n'avait été dénoncé, et le sceau de la chancellerie catholique méconnu qu'à la suite des réclamations faites au sujet de ladite bulle, il était juste que,

du moment que la communauté donnait les garanties requises à propos de la bulle, et que le grand vizir lui-même
s'en déclarait satisfait, ladite communauté vînt à être réintégrée dans sa primitive existence légale.

De si légitimes espérances furent déçues par deux événements qui vinrent aggraver davantage la situation.

Huit jours après cette déclaration présentée au gouvernement, quelques notables catholiques furent mandés à com-
paraître devant un fonctionnaire de la Sublime-Porte, lequel
leur donna lecture d'une instruction par laquelle on persistait derechef à leur imposer la reconnaissance de Kiupélian comme patriarche catholique, permettant seulement, à
titre provisoire, à la communauté catholique de recevoir directement du chancelier de la Sublime-Porte certains certificats de peu d'importance, tandis que l'enregistrement de ces
actes regarderait le même partriarcat de Kiupélian. Ainsi, la
chancellerie ottomane n'aurait été qu'une succursale de la
chancellerie du patriarcat néo-schismatique. Quant aux certificats, bien plus nécessaires et urgents, pour vente et
achat des immeubles, pour les passe-ports, pour l'enregistrement des diverses corporations des artisans et pour toute
sorte d'actes de la vie civile, la communauté catholique devrait s'adresser directement audit patriarcat néo-schismatique.
De plus on exigeait des catholiques de remettre au patriarche
susmentionné, comme s'exprimait l'instruction, l'habitation
patriarcale de Galata, qui n'est autre que l'église cathédrale
de Saint-Sauveur. Cette instruction tendait ainsi à soumettre,
en partie directement, et en partie indirectement, les catholiques au patriarche schismatique, à les contraindre d'accepter son sceau comme celui d'un patriarche catholique;
enfin, à les obliger de retenir pour catholique un patriarche
qui ne l'était point, et cela par le concours et la pression de
la chancellerie de la Porte-Ottomane. Tout cela n'était qu'un
moyen d'amener les catholiques à la sujétion de Kiupé-

lian, en les faisant passer par les « portes de la Porte-Ottomane ».

Mais la communauté catholique tout entière éleva comme
un seul homme des plaintes et des protestations, et se réunit
en assemblée générale pour rejeter une pareille proposition
attentatoire à ses droits naturels religieux-civils. Une députation spéciale se rendit chez le grand vizir pour lui présenter les justes réclamations de la communauté. Sur cela, Mahmoud pacha se proposa de modifier son plan primitif en déli-
vrant en outre les certificats de vente et d'achat et les passe-
ports, indépendamment du sceau de Kiupélian, mais bien par
un sceau spécial qui devait être employé par le chancelier de
la Porte-Ottomane. Cette existence religieuse-civile, si toutefois on peut l'appeler telle, est sinon impossible en Turquie,
à cause de sa constitution exceptionnelle, du moins fort épi-
neuse sans la reconnaissance officielle. D'un autre côté,
comme, dans le plan proposé, les actes civils devant être déli-
vrés par le chancelier ottoman étaient énumérés et limités,
l'on craignait avec raison que ce plan ne fût illusoire et sans
aucune garantie pour le libre exercice du culte catholique
en lutte avec les prétentions d'un patriarcat usurpateur. On
n'avait point déterminé si les églises et les biens ecclésiastiques de la communauté et du siége patriarcal, en dehors de
ceux qui étaient usurpés, resteraient dans le *statu quo ;* et l'on
ignorait encore comment les évêques des différents diocèses,
n'ayant point un organe officiel à Constantinople, pourraient
faire parvenir leurs demandes à la Sublime-Porte. Somme
toute, on voyait bien que même ce plan réformé n'était point
suffisant pour que les catholiques pussent jouir librement de
leurs droits naturels religieux-civils.

Voici maintenant le second événement, attentatoire à l'im-
munité ecclésiastique, qui vint dissiper toute espérance pour
la communauté catholique d'être réintégrée pour le moment
dans ses droits.

Le gouvernement, ainsi que nous l'avons dit, avait déjà dénoncé la bulle *Reversurus*, et par là même il avait méconnu le caractère officiel du patriarche légitime, parce que celui-ci défendait ladite bulle, et cela malgré la déclaration que le grand vizir avait faite en sens contraire, verbalement et par écrit, par l'organe de son ministre des affaires étrangères, qui adressa à Mgr Franchi la lettre du 27 septembre 1871. Dans cette lettre, le gouvernement exprimait son intention de ne jamais s'occuper de l'administration et de la gestion spirituelles de la même communauté.

Nonobstant toutes ces déclarations, il en vint enfin à faire, le 30 juin 1872, à Mgr Hassoun une communication d'abord verbale, par laquelle il lui déclarait que, ayant vu au bas d'un avis publié dans un journal de la capitale son titre de *patriarche de Cilicie*, le gouvernement croyait y trouver un argument de rébellion et de sédition de la part dudit prélat contre l'autorité du gouvernement, par la raison que le prélat, ayant été méconnu par le gouvernement comme patriarche, osait néanmoins faire encore usage de ce titre. Partant, ordre lui était donné de s'éloigner de la capitale.

Une telle incrimination était si mal fondée qu'elle avait tout le caractère d'une résolution arbitraire. L'avis du journal avait rapport à une messe solennelle que, suivant l'antique usage, le prélat avait à chanter dans l'église de la très-sainte Trinité, à l'occasion de l'anniversaire de la dédicace de ladite église. C'est pourquoi cet avis ne pouvait avoir d'autre but que celui d'inviter, comme par le passé, les fidèles à prendre part à une fête religieuse. L'avis était conçu dans les termes suivants : « Le 11 juin (v. s. 1872) S. G. Mgr Antoine-Pierre IX, patriarche de Cilicie, chantera la grand'messe, à dix heures, dans l'église de la très-sainte Trinité, etc. »

Le journal susmentionné, n'ayant aucune relation avec la curie patriarcale, ne pouvait être justement pris pour son organe dans la publication de cet avis, et lors même qu'il l'eût eté, cet avis ne contenait rien qui pùt manifester l'ombre même de délits aussi graves que ceux de lèse-État et Majesté. Le gouvernement, en dénonçant le caractère officiel du prélat et en lui ôtant l'action et la relation officielles avec la Porte-Ottomane, et cela sans aucun procès ni admission d'observations, sans l'en prévenir, ni lui faire connaître officiellement un acte aussi grave, le gouvernement, dis-je, en faisant même cela, n'avait pas dénoncé, et, du reste, il ne le pouvait point, l'usage de son titre canonique de *patriarche de Cilicie*. Le grand vizir lui-même avait toujours répété que, quoique le caractère officiel du patriarche fût méconnu par le gouvernement, néanmoins on n'entendait mettre aucun obstacle à ce qu'il exerçât librement son autorité spirituelle, ce qui nécessairement impliquait l'usage de son propre titre ecclésiastique de *patriarche de Cilicie*. Il est à remarquer aussi que, dans l'ordre du grand vizir, adressé à la communauté en date du 28 avril 1872, au sujet de l'élection du patriarche, ordre dans lequel on signifiait aussi ladite dénonciation, il n'était question que du *patriarcat établi à Constantinople par la Porte-Ottomane,* c'est-à-dire du *patriarcat civil,* non pas du *patriarcat de Cilicie;* ce qui, comme l'exige le nom même de *province ecclésiastique,* ne pouvait être le titre canonique du patriarcat spirituel de M⁰ʳ Hassoun; ce titre spirituel n'était donc en aucune façon du ressort du gouvernement.

A cet effet, il faut aussi observer que ce même titre de patriarche est commémoré encore aujourd'hui à haute voix, suivant la liturgie orientale, par l'épiscopat et le clergé entier du patriarcat, à la messe et dans les offices ecclésiastiques de tous les jours. C'est pourquoi, si la mention de ce titre dans un avis du journal était considéré comme un acte de félonie, de rébellion et de provocation, la commémoraison canonique faite publiquement et en pleine église dans la célébration de la messe et dans les offices divins devrait être condamnée à plus forte raison, et, conséquemment, la liturgie supprimée. D'ailleurs, après le jour de la dénonciation du caractère officiel du patriarche, faite par la Porte-Ottomane, des avis analogues contenant le titre de PATRIARCHE DE CILICIE avaient été publiés plusieurs fois par le même journal, sans en excepter quelques-uns qui avaient paru dans la même feuille peu de jours avant le dernier avis; toutefois la Sublime-Porte n'y avait trouvé aucun motif d'inculpation contre Mgr Hassoun; toute la faute était dans la publication du dernier avis. Or la défense de faire usage du titre canonique n'équivalait à rien moins qu'à la destitution spirituelle, ce qui échappe pleinement à la compétence et au ressort de la Sublime-Porte, comme elle l'avait déclaré elle-même plus d'une fois. Que l'usage de ce titre légitime ait pu déplaire aux néo-schismatiques, on le comprend facilement, après qu'ils avaient élu et constitué, contre tout droit, à la place de Mgr Hassoun, un pseudo-patriarche avec le même titre. Cependant, ce corps de néo-schismatiques étant formellement séparé de l'Église catholique, ainsi que la Sublime-Porte l'avait d'abord reconnu en le désignant sous le nom de *communauté des catholiques orientaux,* les réclamations faites par ceux-ci, sous prétexte d'être catholiques, ne pouvaient avoir aucun effet sur le légitime patriarcat spirituel de Cilicie. D'ailleurs, comme l'Église catholique n'avait rien de commun avec ladite communauté, déjà formellement rejetée de son sein, les réclamations de mécontentement de la part de celle-ci envers le légitime patriarche ne pouvaient avoir aucune signification. En outre, la communauté arménienne catholique avait déclaré maintes fois à la Sublime-Porte qu'elle était pleinement contente et satisfaite de son légitime patriarche Mgr Hassoun et de l'exercice de son autorité ecclésiastique. Que si le gouvernement le croyait coupable de quelque délit civil, accusation dont le patriarche ne cessa de se déclarer exempt, la justice, dont ledit gouvernement doit toujours être inspiré, ne pouvait certainement pas lui permettre d'adopter des mesures arbitraires.

Du reste le prélat rejeta, comme de tout point arbitraire, l'accusation d'insubordination et d'infidélité au gouvernement qu'il avait servi durant de longues années de son ministère à la pleine satisfaction de célèbres hommes d'État, tels que Risa, Réchid, Fouad, Aali.

Cependant Mᵍʳ Hassoun demanda que le ministre lui rédigeât par écrit l'ordre qu'il lui avait intimé, afin que, connaissant avec précision les intentions du gouvernement, il pût se régler sur la conduite à adopter. C'est ce qui fut fait quelques semaines plus tard, ainsi qu'on le verra tout à l'heure.

Et, puisque nous en sommes venus à la question de fidélité, il faut encore repousser une accusation, répétée à satiété par les dissidents et par la presse, à la charge de Mᵍʳ Hassoun, c'est-à-dire l'accusation de trahison et d'abandon au Saint-Siége des droits de S. M. le Sultan et de la communauté elle-même, par cela seul qu'il avait accepté et soutenu la bulle *Reversurus*. Cette incrimination est une de celles dont les malintentionnés se sont servis pour apporter la confusion dans cette question, afin d'égarer l'opinion publique, particulièrement celle de la Porte-Ottomane, qu'ils voulaient exciter contre le prélat et le Saint-Siége.

- Or cette accusation et toutes les autres suscitées par les dissidents tombent d'elles-mêmes devant les observations suivantes, déjà faites plus haut, et que nous rassemblons à la fin de cet exposé de la question arménienne afin que le lecteur en saisisse mieux toute la portée.

La nature même des dispositions de la bulle, relativement aux élections, ne permettait pas au gouvernement de concevoir d'appréhension, ni même de soulever des objections à ce sujet. Car, ainsi que nous avons déjà dit, il existait précédemment à la bulle *Reversurus*, dès l'an 1853, une loi organique d'élection des évêques de la communauté arménienne catholique de Constantinople et de ses provinces, connue sous le nom de *Licet*. Cette loi n'était que la bulle *Reversurus* de 1867, *mutato nomine*. Instituée par le Saint-Siége en 1853, cette loi avait été acceptée par la Porte-Ottomane, qui l'avait longuement négociée par l'intermédiaire de l'ambassade de France, attendu qu'elle n'avait pas de relations officielles avec le Saint-Siége. Ainsi, dès l'an 1853, ladite loi organique régissait les élections de l'archevêque primat et des évêques d'Angora, de Brousse, d'Artoin, de Trébizonde, d'Erzeroum et de Karputh, qui formaient la hiérarchie du primatiat de Constantinople. Les deux patriarches civils de la communauté, Mgr Salviani et le P. Gagonian, reconnus officiellement par la Sublime-Porte, avaient formellement contribué à l'application de ladite loi dans les différentes élections des évêques de la même province.

Cette loi organique était donc en pleine vigueur, et la Porte-Ottomane le savait bien, en 1856, lors de l'époque du hatti-humayoun, par lequel elle reconnut officiellement Mgr Hassoun comme chef religieux de la communauté arménienne catholique, avec le titre d'archevêque primat, en lui accordant aussi le firman impérial, le 5 régeb de l'an 1277 (1857).

Par cette reconnaissance officielle, la loi électorale *Licet* venait d'être encore une fois confirmée par la Porte, et elle formait la loi constitutive de cette même communauté. Mais lorsque, en 1866, les évêques de Cilicie, désirant réunir le siége patriarcal de Cilicie au siége primatial de Constantinople, nommèrent ce prélat patriarche de Cilicie, le Saint-Siége, qui devait intervenir pour l'acte d'union de ces deux siéges, institués déjà l'un et l'autre par lui-même, aussi bien que pour la confirmation de l'élu, avait devant lui deux lois électorales, l'une, la susmentionnée de Constantinople, connue sous le nom de *Licet*, et l'autre en vigueur dans l'Église de Cilicie. Abstraction faite de l'autorité suprême disciplinaire que le Saint-Siége a de modifier les lois disciplinaires des Églises même orientales, le Pape, dans cette occasion de l'annexion de deux siéges, avait devant lui, comme il vient d'être dit, deux systèmes électoraux. Il préféra en partie celui de l'Église de Constantinople, qui était déjà reconnu par le gouvernement lui même, et cela, entre autres circonstances, le jour où, en 1856, la Sublime-Porte reconnut Mgr Hassoun pour archevêque primat; laissant ainsi subsister un système qui avait été officiellement appliqué, par la coopération des deux patriarches civils, sur toute l'étendue des provinces susmentionnées. Le Souverain-Pontife choisit d'autant plus volontiers le système en vigueur à Constantinople, qu'il avait observé que même les évêques élus d'après cette règle s'étaient rendus agréables aux yeux de la Sublime-Porte, qui les avait comblés d'honneur et de décorations. Ainsi le Pape donna sa préférence au système *Licet* et, *mutato nomine*, l'appliqua par la bulle *Reversurus* au reste des diocèses de Cilicie. Toutefois, bien que suivant le *Licet* l'élection de l'archevêque primat regardât le Saint-Siége, celui-ci, en étendant ladite loi à la Cilicie, et en élevant Mgr Hassoun, d'après le désir de la nation aussi bien que des évêques de Cilicie, de la dignité de simple archevêque primat à celle de patriarche, abandonna son droit en ne se réservant, dans la promotion de patriarche, que le droit de confirmation, et laissant celui d'élection au synode des évêques, comme il était en usage dans l'Église de Cilicie.

D'après cet exposé juridique, chacun peut constater aisément que le Pape n'avait fait que généraliser une loi déjà en vigueur avec la reconnaissance officielle de la part du gouvernement, et que cette loi n'était autre que celle de *Reversurus* de 1867, connue dès l'an 1853 sous le nom de *Licet*. Et comme il aurait été absurde de supposer que, dans une loi, qui était négociée par la Sublime-Porte et par l'ambassade de France et appliquée publiquement, avec la pleine connaissance de la Porte-Ottomane, durant quatorze années entières,

il fût inclus des points attentatoires à la dignité et aux
droits du gouvernement et aux priviléges de la communauté
de Constantinople, de même il était absurde de trouver ces
points attentatoires en 1867, dans la bulle *Reversurus*, qui
n'était, pour le dire encore une fois, que la répétition du *Licet*.
Ainsi on ne pouvait ni affirmer ni soutenir que le Saint-
Siége eût attenté, par la bulle *Reversurus*, aux droits du gouvernement et de la communauté ; et, par conséquent, il est bien
clair que ce ne pouvait être qu'une pure calomnie d'accuser
M⁛ Hassoun de les avoir trahis ou abandonnés au Saint-
Siége, ou bien encore le Saint-Siége de leur avoir porté atteinte.

Qu'on nous permette ici une observation. Comment s'est-
il fait que les dissidents, qui disaient avoir tant de difficultés
au sujet de la bulle, n'aient jamais interrogé qui de droit sur
les raisons qui avaient amené le Saint-Siége à adopter
la loi de *Licet*, même pour les diocèces de Cilicie, plutôt que
d'appliquer le système électoral de Cilicie au nouveau patriarcat de Constantinople? Il faut bien convenir que des motifs canoniques très-graves avaient rendu impérieuse cette
mesure, afin d'assurer les élections épiscopales, spécialement
dans une ville comme Constantinople, devenue résidence patriarcale, centre d'où devaient partir dorénavant les opérations
électorales et où, peu de temps auparavant, des troubles et des
désordres avaient eu lieu à ce propos.

En outre, si l'on veut bien considérer la défection de quatre
évêques de Cilicie, arrivée presque immédiatement après, à
l'instigation surtout de divers ecclésiastiques appartenant en
grande partie aux communautés religieuses, et déjà suspects
d'ailleurs par leurs actes précédents, on verra que ceux-ci
justifièrent pleinement les prévoyances du Saint-Siége.

D'après cet exposé des faits et des droits de la communauté
arménienne catholique, il est aisé de comprendre que l'état
ante Reversurus n'ayant été nullement changé pour l'Église

de Constantinople, toutes les calomnies alléguées à ce propos tombaient d'elles-mêmes.

Par la même raison, ni la Sublime-Porte, ni moins encore la communauté de Constantinople, ne pouvaient, en aucune façon, se plaindre de la bulle *Reversurus*, qui, dès l'an 1853, subsistait légalement et officiellement. Tout au plus c'était à l'épiscopat, au clergé et au peuple de Cilicie d'exprimer leur sentiment sur l'application de la loi électorale de l'Église de Constantinople, faite à leur patriarcat de Cilicie, et non *vice versa*. Cependant on a vu que dans tout le patriarcat de Cilicie les mécontents se réduisaient à quatre évêques seulement, à sept prêtres et environ trois cents laïques sur trente mille fidèles de l'ancien siége de Cilicie. Il faut ajouter encore que la bulle *Reversurus* ayant pleinement sauvegardé la part qui revenait au clergé et au peuple dans les élections épiscopales, c'est-à-dire la présentation de la liste des candidats, ces deux corps ne sauraient élever de plaintes à ce propos. Ainsi, toutes les incriminations lancées contre la bulle *Reversurus* se réduisaient à être faites par quatre évêques seulement. Quant aux prêtres de Cilicie, comme aussi aux ecclésiastiques et laïques de Constantinople qui avaient pris une part si active dans la lutte, ils n'avaient aucun des droits qu'ils s'arrogeaient et sous le prétexte desquels ils élevaient des plaintes.

Il résulte aussi de cet exposé historique et juridique que, lorsque la Sublime-Porte dénonça la bulle *Reversurus*, l'annexion des deux siéges de Constantinople et de Cilicie n'aurait plus dû exister pour elle, cette annexion étant de fait la base de cette bulle; c'est pourquoi, une fois la bulle dénoncée, l'annexion des deux siéges était, *ipso facto*, MÉCONNUE par la Sublime-Porte, et celle-ci se trouvait dans le *statu quo ante annexionem*, c'est-à-dire avec le primatiat de Constantinople ayant sa loi primitive de *Licet*. Une fois retiré à Mgr Hassoun le bérat de 1867, celui du 5 régeb 1277 (1856), qui le reconnaît officiellement comme archevêque primat, rentrait en vigueur. Ainsi, quelque combinaison que la Sublime-Porte voulût adopter, la position du Saint-Siége, et, par suite, celle du prélat restaient dans la plus stricte légalité, et tous les actes, toutes les propositions contraires n'ont pu être qu'autant d'attentats à leurs droits légitimes et à leurs priviléges, causés par autant de calomnies et de récriminations arbitraires.

Malgré des raisons aussi évidentes et des justifications aussi légales, le grand vizir Mahmoud pacha, à la suite des menaces déjà faites, se permit d'intimer par écrit à Mᵍʳ Hassoun, le 12 juillet 1872, par l'intermédiaire du ministre des affaires étrangères, Server pacha, l'ordre décisif de son départ hors du territoire ottoman, en l'inculpant, sans le moindre procès préalable et dans les termes les plus injustes et injurieux, suivis d'une série d'incriminations les plus odieuses, comme si le prélat avait semé au sein de la nation arménienne les germes d'hostilité et adopté un système de rébellion au préjudice des droits de l'État et de la tranquillité publique, et au mépris de l'autorité du gouvernement. (Toutes ces accusations faisaient allusion à la persévérance avec laquelle le patriarche continuait à défendre la bulle *Reversurus*, à soutenir ses droits et son titre légitimes de patriarche de Cilicie, et à exercer son autorité ecclésiastique.)

Le ministre l'inculpait encore de ce que, par sa présence, il persistait à prolonger une situation pleine de troubles et d'agitations, et que, d'ailleurs, les actes illégaux de sa conduite étaient un obstacle à la réconciliation des partis, et une entrave aux intentions de la Porte-Ottomane.

Dès le jour suivant, Mᵍʳ Hassoun adressa immédiatement une protestation à Server pacha, par laquelle il repoussait toutes ces accusations calomnieuses. Dans cette protestation, le prélat faisait observer au ministre qu'il n'avait jamais manqué aux devoirs de fidélité et de respect dus au gouver-

nement impérial ; que, dans le cours de trente années d'exercice de ses fonctions épiscopales, il avait rendu, à la satisfaction même du gouvernement, de nombreux services dans des
affaires dont la Sublime-Porte l'avait chargé ; qu'en outre,
suivant les maximes mêmes de la religion catholique, il avait
toujours prêché et enseigné à ses fidèles les devoirs d'atta-
chement et de sujétion envers le gouvernement ; que, pareillement, il n'avait rien négligé pour que sa nation observât
complétement et sans réserve les dogmes, les maximes et les
lois de la religion catholique, qu'il avait le devoir de défendre
contre toutes sortes d'attaques, en vertu de la charge pastorale qui lui était confiée par la disposition divine ; qu'enfin,
dans les intérêts mêmes de l'ordre, de la légalité et de l'autorité qu'il avait toujours soutenus, il ne pouvait en aucune façon transiger sur les points susindiqués, et cela à cause des
devoirs que la religion catholique, sa conscience et son office
pastoral lui imposaient.

Le prélat n'omit pas non plus de faire remarquer au ministre que l'inculpation de n'avoir point voulu condescendre
aux prétentions illégales et anticatholiques des dissidents, ce
qui, suivant le ministre, constituait aussi la cause de ces
sentiments d'hostilité, de perturbation de la paix publique,
était un témoignage solennel que le ministre rendait au patriarche de l'accomplissement de son devoir sacré.

Enfin, après avoir hautement repoussé ces incriminations
calomnieuses et gratuites, il passait à démontrer la futilité
des accusations relatives aux prétendus actes illégaux d'opposition, de système de perfidie et de rébellion, et, protestant
de nouveau contre les injustices commises à son égard, il
déclarait ne céder qu'à la violence.

Les catholiques étaient bien persuadés que le Sultan n'a-
vait aucune connaissance réelle de toute cette persécution,
mais qu'elle avait été organisée à son insu par quelques
ministres mal disposés envers les catholiques ; c'est, en effet,

pour ne pas être surpris dans leurs menées illégales, que ces gouvernants avaient exclu tout moyen de communication directe des catholiques avec le Sultan. Du reste on connaissait assez les sentiments bienveillants du Sultan envers les catholiques, témoin l'accueil amical qu'il fit à Mⁱʳ Franchi, les ordres plusieurs fois donnés à ses ministres de faire justice aux demandes de l'ambassadeur pontifical, et la lettre autographe qu'il remit à ce dernier pour le Saint-Père (acte d'extraordinaire bienveillance de la part des souverains de l'empire ottoman), témoin enfin les déclarations les plus explicites, données en public concernant la liberté dont il voulait que tous ses sujets jouissent dans l'exercice de leur culte.

C'est donc parce qu'il se vit sans aucune protection et dans l'impossibilité de faire parvenir ses réclamations au Sultan que Mⁱʳ Hassoun fut obligé de se soumettre à l'ordre coactif de départ que lui intimait le gouvernement.

Cependant, avant de prendre le chemin de l'exil, c'est-à-dire la veille de son expulsion du territoire de l'empire, le 19 juillet 1872, Mⁱʳ Hassoun adressait à ses suffragants, à son clergé et au peuple de son patriarcat, dans une lettre pastorale, des paroles de consolation, d'exhortation et d'encouragement. Il les conjurait, par l'intérêt même qu'ils devaient avoir du salut de leurs âmes, de garder toujours pure et intacte la profession de la religion catholique; il les engageait fortement à se tenir toujours fermement unis au centre de l'unité catholique, en leur rappelant que c'était précisément à cet effet que lui, leur pasteur, devait prendre le chemin de l'exil; et, leur rappelant les glorieux souvenirs de leurs ancêtres maintes fois persécutés pour la religion catholique, il leur recommandait ardemment la constance et l'accomplissement de leurs devoirs, même envers le Sultan, dont le prélat attestait les sentiments de bienveillance et d'équité envers ses fidèles sujets. Il confiait son Église à la protection de la Vierge-Immaculée, à laquelle il l'avait déjà consacrée, à ses anges gardiens et à ses saints protecteurs, et enfin il accordait à son cher troupeau sa bénédiction pastorale et lui adressait ses paternels adieux.

Le lendemain, 20 juillet 1872, Mᵍᵣ Hassoun quittait Constantinople, victime de la plus odieuse persécution.

PIÈCES JUSTIFICATIVES

MÉMOIRE

APPROUVÉ PAR LE SAINT-SIÉGE, ET REMIS PAR Mgr FRANCHI AU DÉFUNT GRAND-VIZIR AALI PACHA, QUI L'AVAIT ÉGALEMENT APPROUVÉ.

1

ARTICLES OU DISPOSITIONS

QUE CONTIENDRA LA NOUVELLE BULLE DU SAINT-PÈRE, EXPLICATIVE DE LA PRÉCÉDENTE ("REVERSURUS").

A cause des difficultés qui, après la réunion du siége primatial de Constantinople au patriarcat arméno-catholique de Cilicie, ont surgi par des interprétations inexactes données aux dispositions que le Saint-Siége avait émises à ce sujet, le même Saint-Siége trouve opportun de donner les déclarations et les déterminations suivantes.

Il veut bien déclarer, en premier lieu, que le témoignage que le clergé et le peuple des siéges épiscopaux vacants donnent suivant les formes établies, en faveur d'un certain nombre de candidats en vue de la provision desdits siéges, ainsi que la présentation des listes relatives au synode patriarcal, ne sont nullement abolis.

Et la même chose demeure entendue aussi pour le clergé et les fidèles de Constantinople relativement à la désignation des candidats pour le choix des deux évêques auxiliaires du patriarche.

Il est cependant nécessaire que les ecclésiastiques arméniens catholiques qui seront désignés pour la dignité épiscopale soient pourvus des qualités requises par les saints canons ; et, comme sujets ottomans, ils doivent réunir aussi celles de la fidélité à leur Souverain, S. M. I. le sultan.

Et, à cet effet, le Saint-Siége inculque d'une manière spéciale à tous ceux qui auront une part quelconque dans la désignation des candidats, de se pourvoir des renseignements nécessaires afin de s'assurer qu'ils réunissent toutes les qualités mentionnées ci-dessus.

C'est ainsi que le clergé et le peuple des siéges vacants, conjointement au témoignage qu'ils donnent pour les qualités morales et ecclésiastiques des candidats, comme il a été dit ci-dessus, feront parvenir au synode patriarcal l'acte de leur certificat sur la fidélité desdits candidats envers leur auguste maître S. M. I. le sultan.

Il est établi, en outre, que le patriarche ainsi que les évêques du patriarcat de Cilicie, après leur investiture canonique, prêteront par écrit ou devant une autorité catholique, le serment de fidélité à S. M. I. le sultan (et à son gouvernement) suivant la formule qui suit : Moi ... je jure, comme il convient à un évêque, devant Dieu et sur le saint Évangile, d'être et de rester toute ma vie fidèle à mon auguste souverain le sultan (et à son gouvernement) et de ne rien faire contre la personne de S. M. le sultan (ni contre son gouvernement).

Il est nécessaire de déclarer et de statuer encore une fois que le patriarche élu synodiquement par le suffrage exclusif des évêques du patriarcat de Cilicie, adressera au Souverain Pontife la demande de l'institution canonique et du saint pallium. Et le Saint-Siége se plaît à déclarer en cette circonstance que le patriarche ainsi confirmé, après que le Saint-Père l'aura autorisé avec certaines règles à suivre, pourra délivrer aux évêques nouvellement élus les lettres patriarcales pour leur conférer ensuite le sacre épiscopal.

Il n'est pas superflu non plus de déclarer et de répéter encore dans cette circonstance que les mesures disciplinaires que le Saint-Siége a établies pour le patriarcat de Cilicie, laissent intacts les rites de l'Église arménienne institués par les Saints-Pères et approuvés par le même Saint-Siége. Il est non moins nécessaire d'établir que les dispositions du même Saint-Siége relatives aux biens ecclésiastiques ne portent pas la moindre atteinte aux droits légitimes du Souverain, ni à ceux des patrons des établissements pieux. Quant à l'administration desdits biens ecclésiastiques, le Saint-Siége a donné aux prélats les pouvoirs nécessaires pour leur aliénation, emphytéose, etc., etc., conformément aux canons ecclésiastiques. Il est toutefois bien entendu que les patrons ne pourront, dans aucun cas, exercer un droit d'ingérence quelconque en matière de culte dans les établissements dont l'administration civile, suivant l'usage établi, leur est confiée.

II

ARTICLES OU DISPOSITIONS

QUI NE SERONT PAS MENTIONNÉS DANS LA BULLE, MAIS QUI SONT
CONSIDÉRÉS COMME ÉGALEMENT ACQUIS.

1° Reconnaissance officielle du patriarche, et, par là, légalisation de la position de l'Église et reconnaissance officielle de la communauté comme la seule arménienne-catholique.

2° Restitution à cette même communauté des églises et autres établissements pieux avec leurs rentes et biens, soit à Constantinople, soit à Diarbékir ou ailleurs, et leur préservation de toute atteinte.

3° Défense à ceux qui n'appartiennent pas à cette communauté arménienne-catholique de porter ce nom ainsi que les insignes du clergé arménien-catholique.

N. B. Les trois articles qui précèdent seront mis en exécution conjointement avec l'approbation réciproque du présent Mémoire.

4° Il demeure aussi établi que le gouvernement impérial, à la demande du patriarche, après que celui-ci, au nom encore de son synode, lui aura donné communication de l'élection du nouvel évêque et du certificat de sa fidélité, et à la suite du serment prêté par l'élu, garantira efficacement à celui-ci, dans les formes d'usage, au moyen d'un bérat ou firman impérial, le libre et plein exercice de l'autorité religieuse, qui y est inhérent et qui est aussi reconnu par les *hatti-humayoum.* De même, le gouvernement impérial s'engage de donner, à la demande du synode patriarcal, le bérat ou firman au patriarche nouvellement élu, après que le même synode lui aura remis un certificat de fidélité du nouveau patriarche (dans le cas où celui-ci n'est pas choisi parmi les évêques) et après que l'élu aura prêté le serment convenu.

5° Il est également admis et reconnu que les biens ecclésiastiques une fois enregistrés au divan impérial, bien qu'ils fussent d'ordinaire inscrits au nom des patrons ou d'autres personnes, seront à l'abri de tout abus ou usurpation.

6° Enfin les patrons désignés par la même communauté ne sont que pour les établissements construits aux frais de la même communauté, et ils sont nommés et évoqués par le conseil mixte présidé par le patriarche.

INDEX

Paris. — Typographie Georges Chamerot, rue des Saints-Pères, 19.